PRATIQUE DU CHANT GRÉGORIEN

OU

MÉTHODE

POUR LE BIEN EXÉCUTER

Extrait de

L'ESTHÉTIQUE, THÉORIE ET PRATIQUE DU CHANT GRÉGORIEN

PAR LE R. P. L. LAMBILLOTTE

De la Compagnie de Jésus

REVUE ET CONSIDÉRABLEMENT AUGMENTÉE

PAR LE P. J. DUFOUR

De la même Compagnie.

PARIS

LIBRAIRIE ADRIEN LE CLERE ET Cie

IMPRIMEURS DE N. S. P. LE PAPE ET DE L'ARCHEVÊCHÉ DE PARIS

Rue Cassette, 29, près Saint-Sulpice.

1857

PRATIQUE DU CHANT GRÉGORIEN

OU

MÉTHODE

POUR LE BIEN EXÉCUTER

PRATIQUE DU CHANT GRÉGORIEN

OU

MÉTHODE

POUR LE BIEN EXÉCUTER

Extrait de

L'ESTHÉTIQUE, THÉORIE ET PRATIQUE DU CHANT GRÉGORIEN

PAR LE R. P. L. LAMBILLOTTE

De la Compagnie de Jésus

REVUE ET CONSIDÉRABLEMENT AUGMENTÉE

PAR LE P. J. DUFOUR

De la même Compagnie.

Te mente pura et simplici
Te voce, Te cantu pio,
Rogare curvato genu,
Flendo et canendo, discimus.
(PRUDENT. CATH. Hymn. 2.)

PARIS

LIBRAIRIE ADRIEN LE CLERE ET CIE

IMPRIMEURS DE N. S. P. LE PAPE ET DE L'ARCHEVÊCHÉ DE PARIS

Rue Cassette, 29, près Saint-Sulpice.

1857

AVIS.

Cette méthode n'est qu'un extrait de l'ouvrage intitulé *Esthétique, théorie et pratique du chant Grégorien restauré d'après les anciens et les sources primitives;* nous avons cru cependant devoir nous permettre diverses modifications et additions. Les unes devenaient indispensables du moment que cette partie était publiée à part; les autres résultent de sa destination nouvelle. Il en est enfin qui ont pour but d'harmoniser plus complétement ce petit ouvrage *classique*, avec les livres liturgiques dont il est une introduction. Ceux-ci en effet terminés après l'*Esthétique*, contenaient quelques corrections que l'on n'avait pas reportées sur l'autre ouvrage. Ils étaient en outre destinés par leur auteur à une révision nouvelle plus minutieuse que la première et qui devait accompagner l'impression. Dans une lettre écrite de Brugelette, le 27 novembre 1852, au P. W..... professeur au grand séminaire de Blois, et contenant un compte rendu fort instructif de ses explorations et découvertes liturgiques dans la haute Italie, le P. Lambillotte termine en disant :

« Vous me demandez quand j'irai à Rome. Je ne
» veux y aller que quand mon ouvrage tout entier
» sera terminé et bien *poli* et *repoli*, et que toutes

» les pièces justificatives, esthétiques, pratiques, » historiques seront bien retouchées, etc... »

Ce que le P. Lambillotte avait résolu de faire, nous l'avons fait, pendant ces deux dernières années, aidé des documents inestimables qu'il nous a laissés, et de beaucoup d'autres que nous nous sommes procurés en différentes bibliothèques de France. Mais pour nous justifier en nous accusant, nous avouerons en toute simplicité, que trop désireux peut-être de répondre aux dernières volontés du P. Lambillotte en faisant paraître l'*Esthétique* peu de mois après sa mort, nous avions laissé subsister dans la *partie pratique* ou *Méthode*, à l'endroit des exemples, des imperfections que le manuscrit contenait, mais que l'auteur avait corrigées ailleurs. Elles paraîtront peut-être légères aux personnes qui savent tenir compte des difficultés d'une pareille entreprise ; moins indulgent pour nous-même, nous ne chercherons ni à les dissimuler ni à les maintenir ici, quand même nous devrions procurer à quelqu'un le facile plaisir de découvrir et de constater à grand bruit des anomalies que nous avons déjà depuis longtemps découvertes et annotées en vue d'une seconde édition. Nous retoucherons donc dans cette méthode tout ce qui a besoin de l'être comme l'auteur nous en a expressément confié le soin. La psalmodie aura, comme elle le mérite, son chapitre à part. Les exemples seront traduits en notation carrée. Nous userons même d'une amélioration heureuse qui nous a été tout récemment suggérée par un ami judicieux, dans la traduction en notes carrées de la blanche suivie d'un point, contrairement à ce que nous avions cru d'abord préférable et annoncé dans les prospectus. Il y avait à craindre en effet que la note caudée ayant deux valeurs différentes, les chantres ne fussent embarrassés dans la pratique. Cet inconvenient n'aura plus lieu grâce à l'emploi de la note caudée accolée à la commune (■▬) aussi bien dans la méthode que dans les livres de chœur.

Nous avons cru devoir nous en tenir strictement, dans cette méthode, à ce qui regarde le chant, sans nous étendre sur les questions liturgiques : assez d'autres livres les ont développées longuement, et les ecclésiastiques n'attendent pas après celui-ci pour les apprendre.

J. D.

AVERTISSEMENT DE L'AUTEUR.

Il ne suffirait pas d'avoir rétabli la phrase Grégorienne dans son intégrité substantielle, ni même de lui avoir rendu, par une notation exacte, sa forme primitive, si nos études théoriques n'aboutissaient à une bonne et praticable méthode d'exécution. Les recherches archéologiques ne doivent pas être faites, comme il arrive trop souvent, au profit de la curiosité ou de l'amour-propre : deux choses bien infécondes et bien petites. C'est une tâche facile que d'amonceler les objections et de susciter les embarras autour d'une question compliquée : tout cela n'aboutit pas; et ce sont des résultats surtout que l'Eglise demande à ceux qui s'occupent à présent de la restauration du chant liturgique.

Essayons donc de formuler en *méthode* les principes rassemblés et acquis durant tout le cours de cet ouvrage (1); indiquons les moyens de faire produire à la mélodie Grégorienne les effets admirables que célèbrent à l'envi les auteurs de la bonne époque; disons comme il la faut rendre pour qu'elle *prie avec le texte sacré*, pour qu'elle *pleure* avec lui, pour qu'elle exprime avec lui l'*allégresse* et l'*espérance* : car la règle donnée par saint Augustin à ceux qui récitent les Psaumes est merveilleusement applicable à ceux qui les chantent : *Si orat psalmus, orate; et si gemit, gemite; et si gratulatur, gaudete; et si sperat, sperate.* « Si le Psaume prie, priez avec lui; s'il gémit, gémissez; s'il est joyeux, réjouissez-vous; s'il espère, espérez. »

(1) L'*Esthétique, théorie et pratique du chant Grégorien.*

PRATIQUE DU CHANT GRÉGORIEN

D'APRÈS LES AUTEURS PRIMITIFS.

PRÉLIMINAIRES.

Avant tout, qu'entend-on par chant Grégorien ?

On appelle ainsi les chants liturgiques de l'Église Romaine rassemblés, mis en ordre et complétés par saint Grégoire le Grand, pour la célébration de l'office divin; basés sur le système diatonique des anciens, et conservés traditionnellement avec plus ou moins de fidélité à l'usage du culte catholique Romain.

Ces chants se divisent en deux catégories :

La première comprend les chants destinés à la célébration solennelle du saint sacrifice de la Messe.

La seconde, les chants destinés à la célébration des Heures canoniales, telles que Matines et Laudes, les petites Heures, Vêpres et Complies.

Les chants de la Messe se subdivisent en deux espèces : 1° les *chants propres* ou *particuliers* à chaque messe ; tels sont les *Introïts*, les *Répons-graduels*, les *Traits*, les *Alleluia* avec leurs *versets*, les *Offertoires*, les *Communions*. Tous ces chants ont été réglés par saint Grégoire, excepté quelques messes récentes, dont souvent encore on a pris le chant dans l'ancien répertoire Grégorien.

2° Les chants des *ordinaires*, ou *chants communs*. On appelle ainsi ceux du *Kyrie*, du *Gloria*, du *Credo*, du *Sanctus*, de l'*Agnus* qui varient selon la solennité des fêtes.

Les chants des Heures canoniales peuvent se subdiviser à leur tour en cinq espèces, qui sont ; 1° ceux des Répons, 2° des

Antiennes ou Antiphones, 3° des Hymnes, 4° des Psaumes, 5° des Cantiques.

Dans cette méthode, nous n'envisageons ces différents morceaux que sous le rapport musical.

Nous avons dit qu'ils étaient basés sur le système diatonique des anciens.

Il faut donc faire connaître les règles et les diverses propriétés de ce système, tel qu'il a été appliqué aux chants liturgiques par saint Grégoire.

Le système diatonique des anciens était renfermé dans une échelle de deux octaves commençant au *la* grave, et se succédant comme il suit, jusqu'au *la* aigu :

NOTATION EN LETTRES.

A B C D E F G a ♭ ♮ c d e f g aa

On ajoutait souvent à cette échelle une note plus grave encore (*sol*) que l'on nommait *gamma*, parce qu'elle était désignée par la lettre grecque qui porte ce nom.

Les anciens, *dans les ouvrages théoriques*, désignaient les notes par les lettres de l'alphabet A, B, C, D, etc.

Tels étaient les sons reçus dans la musique diatonique des anciens, que saint Grégoire le Grand a définitivement appliquée aux chants liturgiques de l'Église Romaine. Ces sons doivent être envisagés de deux manières : 1° comme formant différents intervalles ; 2° comme formant des modes distincts les uns des autres.

Nous allons les considérer sous ce double rapport dans les deux chapitres suivants.

CHAPITRE I.

INTERVALLES ADMIS DANS LA MUSIQUE GRÉGORIENNE.

Le chant Grégorien n'admettait que les six intervalles suivants : le demi-ton, le ton, la tierce mineure, la tierce majeure, la quarte juste et la quinte juste. C'est-à-dire que la voix ne pouvait passer d'une note à une autre, que par l'un ou l'autre de ces intervalles. Dans l'échelle diatonique, le demi-ton se trouvait toujours de *mi* à *fa*, de *si* à *ut ;* et de *la* à *si* ♭ par exception. Partout ailleurs on ne rencontrait que des tons, si ce n'est en certaines circonstances exceptionnelles : NISI IN CERTIS CIRCUMSTANTIIS, dit Gui d'Arezzo (1).

Il est donc certain, d'après le témoignage du maître des maîtres, qu'il y avait des circonstances où l'on faisait le *demi-ton* ailleurs que du *si* à l'*ut*, du *mi* au *fa*, et du *la* au *si* ♭. Nous aurons occasion de les mentionner.

EXERCICES SUR LES INTERVALLES.

(Note importante pour les exercices suivants.)

Dans ces exercices, nous engageons l'élève à s'habituer à battre la mesure, mais d'une manière spéciale et propre au chant Grégorien. Il frappera du doigt ou du pied chaque *note blanche* 𝅗𝅥 car elle vaut un temps ou un frappé (1) ; c'est-à-dire

(1) Gui d'Arezzo, *Microl.*, ch. X.

(2) Ce n'est pas à dire qu'il faille, à chaque note nouvelle, donner un coup de gosier violent, qui, joint aux coups d'archet de certains contrebassistes, fasse ressembler le chant de l'Église (qu'on me passe la comparaison) aux respirations d'une locomotive qui entre en Gare.

qu'on la soutient du moment où l'on frappe jusqu'au *frappé suivant*. Il faut que ces *temps* soient égaux entre eux.

La ronde ou note sans queue 𝅝 vaut deux *temps* ou deux *frappés*.

La note noire ♩ ne vaut que la moitié d'un temps; la croche ♪ n'en vaut que le quart; la petite note ♪, ♪ prend la même valeur que la croche, mais on la coule plus légèrement avec la note suivante, et jamais elle ne surmonte seule une syllabe de texte.

Dans la notation moderne, toute note suivie d'un point est augmentée de la moitié de sa valeur.

Le chant Grégorien, comme tous les autres, a des pauses qu'il faut observer. Mais bien différent de notre musique actuelle, il ne les mesure pas avec cette rigueur mathématique que la nécessité de faire concorder les parties compliquées d'un chœur ou d'un orchestre a forcément introduite dans notre système (1).

Les virgules placées entre les incises de la phrase mélodique indiquent un léger repos, que l'on prolongera plus ou moins selon le sens des paroles et le besoin de la respiration, sans

(1) Le P. Lambillotte a parlé de *mesure* et de *rhythme* dans ses ouvrages didactiques, et cela avec les maîtres les plus autorisés. Il a demandé après Hucbald de Saint-Amand et Gui d'Arezzo que, pour obtenir quelque ensemble, le chant pût être battu, *cantilena plaudatur*, assignant deux temps à la double carrée ou à la ronde; un temps à la commune ou à la blanche; un demi-temps à la semi-brève ou noire, etc. Quelques personnes ont vu, d'autres ont voulu voir dans ces prescriptions, formulées cent fois avant le P. Lambillotte, l'inauguration de la *mesure musicale* dans le plain-chant. Cependant l'auteur répète en vingt endroits qu'il s'agit d'un rhythme *modifié par le sentiment*, d'une mesure bien différente de celle qui suppose un retour uniforme et symétrique de temps forts et de temps faibles, où tout est mesuré strictement, *même les repos*.

« Lorsque nous avons réclamé, dit-il (*Esthétique*, page 302), *une mesure* » *qui pût être frappée*, nous n'avons pas prétendu exclure ces repos que les » anciens recommandent avec tant de raison : nous avons seulement exigé, » durant le cours de la syllabe, du membre de phrase et de la phrase, » cette régularité de mouvement sans laquelle l'ensemble serait impos- » sible. »

Il résulte de là que le soliste, sans négliger la valeur temporaire des notes, aura cependant une latitude aussi complète que dans quelque *chant plane* que ce soit. (*Prospectus du Graduel.*)

altérer notablement la marche du rhythme. La virgule avec barre indique un repos plus marqué; les deux virgules ou la barre finale indiquent que la phrase musicale est complète, et que la pause peut durer un peu plus longtemps. Si l'on voulait préciser les durées, on pourrait dire que le premier repos répond à la noire; le second à la blanche; le troisième à la ronde. Quant à la double barre, on l'emploie quelquefois sans que la phrase musicale soit complète : dans les Antiennes, pour séparer les mots de l'intonation. Dans ce cas, il ne faut lui donner, en reprenant l'Antienne, que la valeur d'une barre simple avec virgule, ou moins encore, si elle est suivie presque immédiatement d'un autre repos. Tout ceci doit être appliqué aux signes correspondants de la notation carrée.

Ces observations bien pratiquées donneront au chant Grégorien le caractère religieux qui lui est propre, et feront sentir à chacun son admirable aptitude à élever les âmes vers Dieu par la pensée et la méditation. Chaque repos, chaque pause étant comme un signal de réflexion et d'attention, servira en même temps à obtenir un ensemble parfait.

Nota. Dans la traduction de nos Graduels en notes carrées, nous établirons entre les signes le rapport suivant :

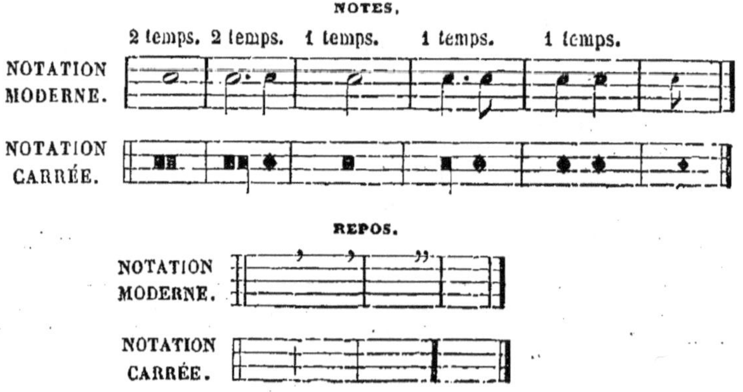

EXERCICES SUR LES INTERVALLES.

INTERVALLES CONJOINTS.

EXERCICES SUR LES SYLLABES MUSICALES.

6

INTERVALLES DISJOINTS.

7

8

7

8

EXERCICES MÊLÉS DE LONGUES ET DE BRÈVES.

9

10

11 (1).

Nous recommandons beaucoup ce dernier exercice.

(1) Les liaisons placées sour ces membres de phrases indiquent que l'on doit émettre les sons sans donner pour chacun d'eux un nouveau *coup de gosier*, mais en les laissant pour ainsi dire *couler* et naître l'une de l'autre. Il sera bon dans ces exercices de choisir une voyelle sonore, telle que *a*, *e*, *o*, et de l'appliquer à chaque membre de phrase, comme il est marqué au nº 13, pour s'exercer à lier les notes d'une même syllabe.

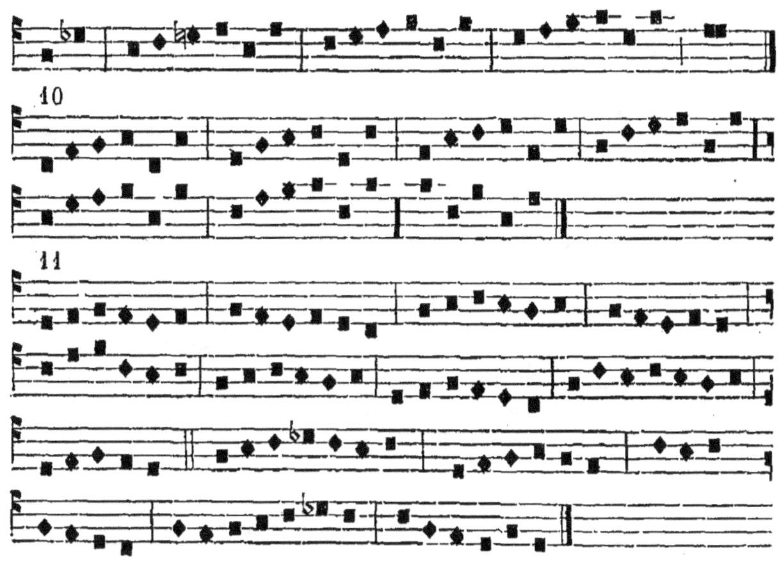

EXERCICE SUR LE POINT.

EXERCICE SUR LA PETITE NOTE.

EXERCICES SUR LE TON ET LE DEMI-TON.

EXERCICES

SUR LES TIERCES MINEURES ET MAJEURES.

EXERCICES SUR LES QUARTES ET LES QUINTES.

EXERCICES SUR TOUS LES INTERVALLES

PERMIS DANS LA MÉLODIE GRÉGORIENNE.

Tels sont les seuls intervalles permis dans le chant Grégorien. Ainsi on en exclut les intervalles de quarte diminuée et de *triton*, de *quinte mineure ;* toute espèce de *sixte*, de *septième* et d'*octave*.

Ces intervalles étaient prohibés par *mouvement direct immédiat*, c'est-à-dire sans notes intermédiaires, comme serait de chanter *fa, si ; mi, si* ♭ ; *sol, fa ; ut, si* ♭, etc. ; mais il n'était pas prohibé d'aller d'une de ces notes à l'autre par mouvement *indirect* ou *médiat*, au moyen de notes intercalées, comme dans les passages suivants :

Les espaces de *triton* et de *quinte mineure* donnaient lieu à une théorie spéciale, qu'il importe de signaler ici.

Règle. — Il n'est jamais permis de descendre du *si* ♮ au *fa*, ou de monter du *fa* au *si* ♮, en s'arrêtant dans ce tétracorde, c'est-à-dire sur l'une des quatre notes *fa*, *sol*, *la*, *si*, soit par mouvement direct, soit par mouvement indirect.

Ainsi les passages suivants et autres semblables sont fautifs.

Que faisaient donc les anciens pour éviter le triton, quand la mélodie demeurait dans le tétracorde *fa*, *sol*, *la*, *si*, soit en montant, soit en descendant? Ils faisaient usage du *si* ♭, ou ils haussaient le *fa* d'un *demi-ton mineur*, selon que la mélodie appartenait à tel ou tel mode. Ainsi, par exemple, si la mélodie était du septième ou huitième mode, on n'employait point le *si* ♭; car, dit Oddon de Cluny, cette note aurait rendu les septième et huitième modes en tout semblables au premier et au second : ce qui n'était point toléré. Marchetti de Padoue confirme cette doctrine (1.) Si la mélodie appartenait aux autres modes, il était alors permis de se servir du *si* ♭ pour enlever la dureté du triton. Mais dans les septième et huitième modes on employait le *demi-ton* haussant sur le *fa*. Gui d'Arezzo appelle cette élévation d'un demi-ton, *subductio* ou *diesis*. Il dit expressément que ces *dièses* sont permis en *certaines circonstances*, mais jamais ailleurs que sur la *troisième* et la *sixième* note de la grande échelle, c'est-à-dire sur *ut* et sur *fa*.

On tempérait donc la dureté du triton de cette manière :

(1) Gerb. *Script.*, t. III, p. 92.

Selon Gui d'Arezzo, l'intervalle de *quarte mineure* était aussi permis par degrés conjoints. Ainsi on pouvait chanter :

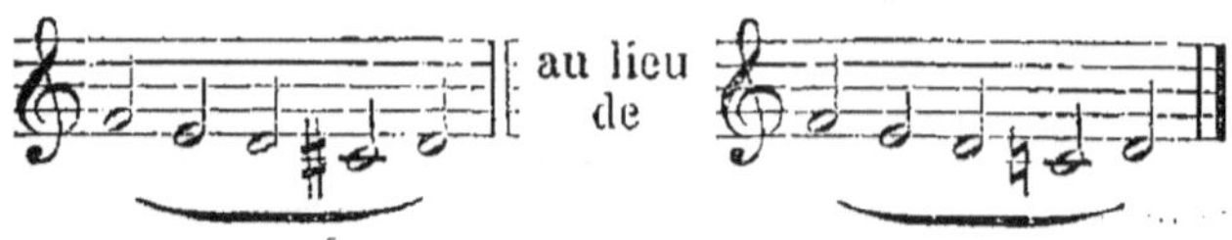

L'usage de faire le demi-ton haussant dans les deux cas que je viens de signaler, s'est répandu en Italie, en Portugal, en Espagne, en France, en Allemagne, en Hollande, en Angleterre ; en un mot, presque partout.

Cet usage est donc légitimé par l'accord universel et par la sanction des premiers maîtres de l'art antique. Ainsi se trouve condamnée la doctrine moderne de ceux qui prétendent interdire *à tout jamais* le demi-ton haussant à la mélodie Grégorienne.

Mais il faut remarquer ici deux choses : 1° Gui d'Arezzo ne le prescrit pas, il laisse libre de le faire ; 2° il recommande en cela une grande sobriété : il ne faudra l'employer, dit-il, que dans *certaines circonstances*, sur les troisième et sixième degrés de l'échelle, c'est-à-dire sur *ut* et sur *fa*. *Non oportet eas in usum admittere nisi supervenientibus certis locis : in nullo enim sono valet fieri, excepto tertio et sexto* (1).

Première exception. — Il est permis dans une même phrase ou trait mélodique, de faire entendre *si* ♮ et *fa*, quand il s'y rencontre des notes intermédiaires qui sauvent la dureté du triton : ainsi, par exemple, un *ut* placé entre *si* et *fa* rend cet intervalle légitime.

Deuxième exception. — De même, en descendant, si le *mi*

(1) *Microl.* de Gui d'Arezzo, ch x.

vient aussitôt après le *fa*, il sauve la dureté du triton. Exemple : *si, sol, la, fa, mi.*

De même, en montant : si l'*ut* vient aussitôt après le *si*, il sauve encore la dureté du triton.

Ainsi on peut chanter :

De la quinte diminuée. — Quant à l'intervalle de *quinte mineure* (c'est-à-dire de *si* ♮ à *fa*, ou de *mi* à *si* ♭, ou même de *fa* ♯ à *ut*, il ne faut pas le confondre avec le *triton*. Il avait ses règles et sa marche particulière autorisées par l'usage universel. On défendait de chanter cet intervalle directement, sans notes intermédiaires, comme il suit :

Mais il était permis d'aller d'une de ces notes à l'autre par des notes intermédiaires, comme :

Et cela du commun aveu de tous les théoriciens antérieurs au seizième siècle.

Il était donc permis de faire les passages suivants :

3° Un autre intervalle prohibé par nos premiers auteurs était celui des deux demi-tons, *si* ♭ et si ♮. Jamais ces notes ne pouvaient se succéder immédiatement, dans une phrase ou partie de phrase quelconque. Il ne faut pas les joindre, dit Gui d'Arezzo, « *utramque*, ♭ et ♮, *in eadem neuma non jungas* (1). »

« Il est absurde, dit Oddon de Cluny, de faire ♭ et ♮ dans le même endroit : ♭ *et* ♮, *absurdum est in eodem loco facere* (2). Et plus loin (3) il explique quand il faut faire *le* ♮ *ou le* ♭ mais il ne faut jamais, dit-il, les joindre immédiatement, *numquam continuatim jungere debes.* » Le mot *continuatim* explique parfaitement le texte de Gui d'Arezzo. En effet c'étaient ces deux *demi-tons de suite* qui constituaient chez les anciens le genre chromatique, anathématisé par les saints Pères. Ainsi les traits suivants :

sont bannis du chant Grégorien.

Mais Hucbald de Saint-Amand (1) nous montre qu'on peut employer le ♭ et le ♮ dans un même trait mélodique quand ces deux notes sont séparées par d'autres. Il s'appuie sur cet l'exemple suivant :

(1) *Microl.*, ch. VIII.
(2) *Apud Script.*, Gerb., t. I, p. 251.
(3) *Ibid.*, p. 263.

Telles sont nos autorités sur la question des intervalles, et la doctrine contenue dans ce chapitre leur est empruntée tout entière. Nous n'aurons donc pas égard aux théories très-modernes, qui tendent à détruire des affirmations ainsi établies.

CHAPITRE II.

DES MODES.

On entend par *mode* en musique une échelle diatonique dans laquelle les positions des tons et demi-tons sont réglées d'une certaine manière, conséquemment à la note prise pour point de départ.

Il suit de là que la différence entre deux modes résulte, 1° de la note principale ou *finale ;* 2° de la position diatonique des tons et demi-tons à partir de cette note. De ces deux choses résulte aussi le caractère esthétique de chaque mode.

Ces quatre échelles, partant de notes différentes, forment quatre modes distincts; parce que la place des demi-tons n'étant pas la même à chaque échelle, les chants composés d'après chacune d'elles reçoivent de là un caractère particulier.

Il y aura autant de modes différents que de notes dans la gamme à partir du *la* grave : c'est-à-dire sept; et si l'on divise chacun de ces modes en deux, le *grave* et l'*aigu*, on aura quatorze modes; et c'est là une division très-rationnelle.

Mais nos premiers maîtres, à commencer par saint Grégoire jusqu'à Gui d'Arezzo, ne comptèrent que quatre grands modes, appelés, d'après les Grecs, *protus, deuterus, tritus, tetrardus*, et divisés chacun en deux : l'un *aigu* ou *supérieur* (*authenticus*, du grec αὐθέντης); l'autre *grave* ou *inférieur* ou *dérivé* (*plagalis*, du grec πλάγιος); ce qui donna en tout huit modes au chant Grégorien. Nous ne voyons aucune raison plausible de quitter la voie qu'ils ont tracée, et nous ne compterons comme eux que huit modes.

Du reste, avant saint Grégoire, les auteurs grecs, et Boèce qui résume fort bien leur doctrine, divisaient aussi la grande échelle en huit modes : *Dorien, Hypodorien, Phrygien, Hypophrygien, Lydien, Hypolydien, Mixolydien* et *Hypomixolydien* (1).

Voici le tableau général des huit modes admis dans le chant Grégorien :

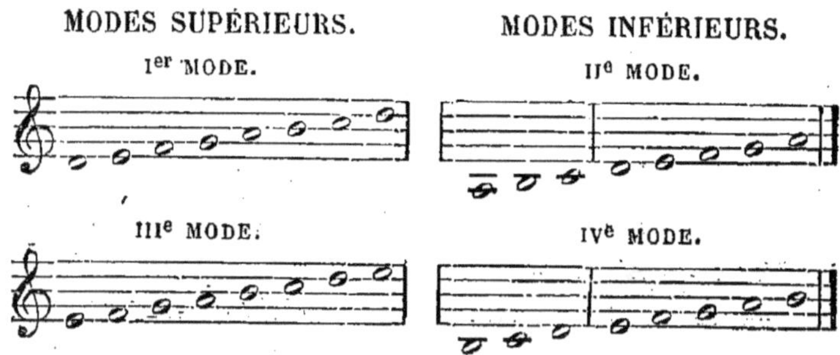

(1) Sur cet écrivain et les autres théoriciens du moyen âge cités ici comme autorité, voyez l'ouvrage dont cette méthode est un extrait.

TABLEAU DES INITIALES.

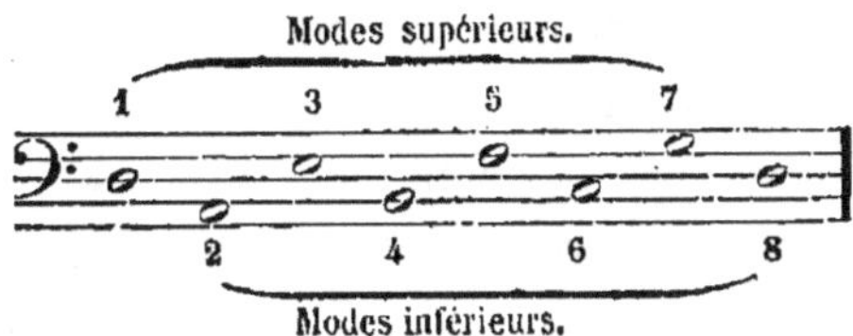

Les six autres modes se formeraient en continuant la même progression.

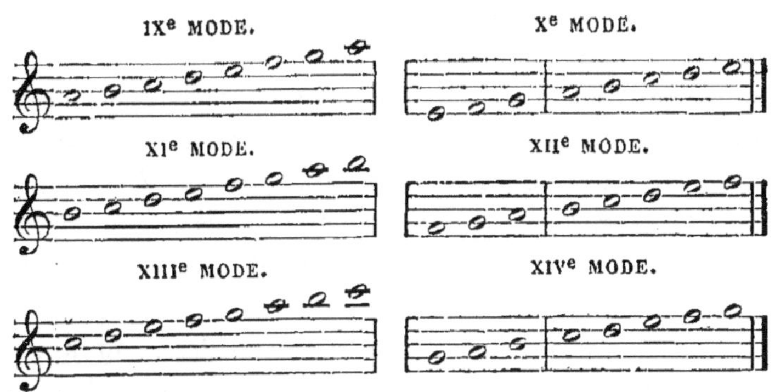

Remarque. Ces modes notés à la clef de *sol* sont écrits une octave plus haut que ne les chantent les voix d'hommes; mais la forme est la même, qu'on les exécute à ce degré ou à quelque autre : car la hauteur ou la gravité, dit saint Oddon de Cluny, n'est pas ce qui constitue leur forme essentielle. « Non enim, » ut stultissimi cantores putant, gravitate vel acumine unum » modum ab alio discrepare scimus (nihil enim impedit,

» quemcumque volueris modum, si acute vel graviter decanta- » veris) ; sed tonorum et semitonorum, quibus et aliæ conso- » nantiæ fiant, diversa positio, diversos ab invicem et diffe- » rentes modos constituunt (1). »

Ces huit modes forment ce qu'on appelle la *tonalité Grégorienne* entièrement distincte de notre *tonalité moderne*. Celle-ci ne compte que deux modes : le mode majeur et le mode mineur, caractérisés par la première tierce, qui dans l'un est majeure, dans l'autre mineure.

La tonalité Grégorienne plus riche, plus variée, possède des ressources immenses pour rendre tous les sentiments de l'âme, et surtout le sentiment religieux. Par son antiquité elle semble nous ramener au berceau de la Religion, et nous mettre en rapport avec les premiers fidèles et les Pères de l'Église.

Mais la tonalité moderne plus sensuelle, plus chromatique, à laquelle nous sommes habitués dès notre enfance, nous a malheureusement fait perdre le sentiment des vraies beautés de la tonalité antique. Voilà pourquoi il y a aujourd'hui bien peu de personnes qui sachent apprécier le chant Grégorien. Afin de suppléer autant que possible à ce qui leur manque, nous allons traiter de chaque mode en particulier d'après nos auteurs primitifs. Nous donnerons *l'étendue de chaque mode, sa constitution, ses règles, son caractère moral*, et nous tâcherons de montrer, par des exemples tirés du répertoire Grégorien, la véritable manière d'envisager les mélodies sacrées.

Mais auparavant il faut donner les règles communes à tous les modes, d'après les anciens, et les rappeler d'autant plus instamment qu'elles ont été plus ou moins négligées dans plusieurs de nos éditions modernes.

(1) « Ce n'est point, comme le pensent des chantres ignorants, le plus ou » moins de gravité ou d'acuité qui fait reconnaître la différence entre deux » modes : rien n'empêche en effet de chanter tel ou tel morceau plus haut » ou plus bas ; mais la position diverse des tons et demi-tons qui modifie » les relations d'intervalles, voilà ce qui constitue la distinction entre les » modes. »

Ces règles concernent spécialement la note qui peut commencer ou finir un chant ou une phrase de chant.

Règle générale. — *Tout morceau de chant doit finir par la note principale du mode.*

Première règle. — *Aucune note ne peut commencer un chant ni une phrase de chant, si elle n'est ou finale, ou en relation avec la finale par un des six intervalles reçus dans la mélodie.* (Nous avons vu quels sont ces intervalles.) Ainsi le *ré* étant finale, un morceau ou une phrase ne pourra commencer que par ce *ré*, ou par une des notes *mi*, *fa*, *sol*, *la*, en montant; et en descendant *ut*, *si*, *la*, *sol* (1).

Deuxième règle. — *Les phrases ne doivent se terminer que sur une des notes qui peut les commencer.*

Ainsi, dans le cas précédent, commençant une phrase sur *ré*, sur *mi*, *fa*, *sol*, *la*, etc., je peux aussi la terminer sur une de ces notes quelconques.

Troisième règle. — *Il est convenable que dans la composition d'un chant il y ait plus de phrases qui se terminent et finissent sur la note finale ou sur sa quinte, que sur d'autres notes* (2).

Il n'est pas difficile de voir que ces prescriptions ont pour but de faciliter l'exécution du chant, et de le rendre ainsi plus simple, plus *populaire*.

Ces règles générales étant posées, nous allons exposer les règles spéciales de chaque mode.

(1) Guido, *Microl.*, cap. XI et XII; Oddo, *apud Script.*, t. I, p. 259; Esthétique, p. 111, 140, etc.

(2) Voir Oddon, *Apud Gerb.*, t. I, p. 25; et Gui d'Arezzo, *Microl.* c. XI et XII :

Dans l'application de ces règles à la critique, il faut se souvenir que les chants Grégoriens admettent assez souvent de ces phrases qu'on a appelées *participantes*, c'est-à-dire empruntées soit au mode de même finale, soit même à quelque autre. On trouvera par exemple des répons du troisième ton qui, dans leur *progression*, sembleraient appartenir au premier, et autres anomalies du même genre que l'on est forcé d'admettre, parce qu'il serait téméraire de les réformer.

ARTICLE I.

Premier mode. — Dorien.

Le premier mode a pour note finale et principale *Ré* (D. — Λιχανὸς ὑπατῶν.) En voici l'étendue et la composition :

Règle. — Dans ce mode, les chants et les phrases ne peuvent commencer que par les notes suivantes : *ut, ré, fa, sol, la*, rarement par *mi*. Les phrases ne peuvent se terminer que sur l'une de ces notes.

Caractère de ce mode. — Il est très-varié; il se prête aux sujets graves, majestueux, sublimes, comme on peut le voir dans la strophe *Crux fidelis*, restaurée d'après l'Antiphonaire de Saint-Gall et les manuscrits antiques. Il est aussi propre à exprimer des sentiments de joie, d'exaltation, comme dans l'Introït : *Gaudeamus omnes in Domino;* à rendre le sentiment de la prière, du désir ardent, comme dans l'Introït : *Rorate cœli desuper*. Ce mode paraît être le plus ancien de tous. Platon et Aristote le préféraient à tous les autres.

« Il convient aux grandes choses, dit Léonard Poisson ; il » est d'une admirable fécondité : modeste, gai, sévère, magni- » fique, sublime (1). » Cependant les anciens l'employaient rarement à exprimer la douleur et les sujets légers.

(1) *Traité du chant Grégorien*, 152.

FORMULE DE CE MODE.

MODÈLES DU 1er MODE (1).

(1) NOTES POUR L'EXÉCUTION DE CES MODÈLES ET SANS L'OBSERVATION DESQUELLES ON NE LES COMPREND PLUS.

1° *La petite note* prend sa valeur temporaire sur la note à laquelle elle est liée, c'est-à-dire que celle-ci perd un peu de sa valeur pour en donner une partie à celle-là. Ainsi la petite note sur *Fidelis* et *Silva* doit s'exécuter comme il suit :

2° On donnera à chaque blanche un mouvement réglé d'après la nature du texte, la grandeur du lieu où l'on chante et le nombre des chanteurs.

3° Quand deux brèves se suivent autre part que dans une série descendante (*Voy.* le mot *flore*), commençant par une note longue ou une commune, il convient d'appuyer sur la première, car tel est la véritable traduction de la *Clivis brève*. On peut inférer cette règle, de ce que plusieurs manuscrits neumés, et d'abord celui de Saint-Gall, emploient presque indifféremment dans des passages analogues le *Cephalicus* qui se traduit ainsi : [notes] et la *Clivis brève :* [notes].

Faire l'application de cette note aux mots *arbor, nobilis, dulce.*

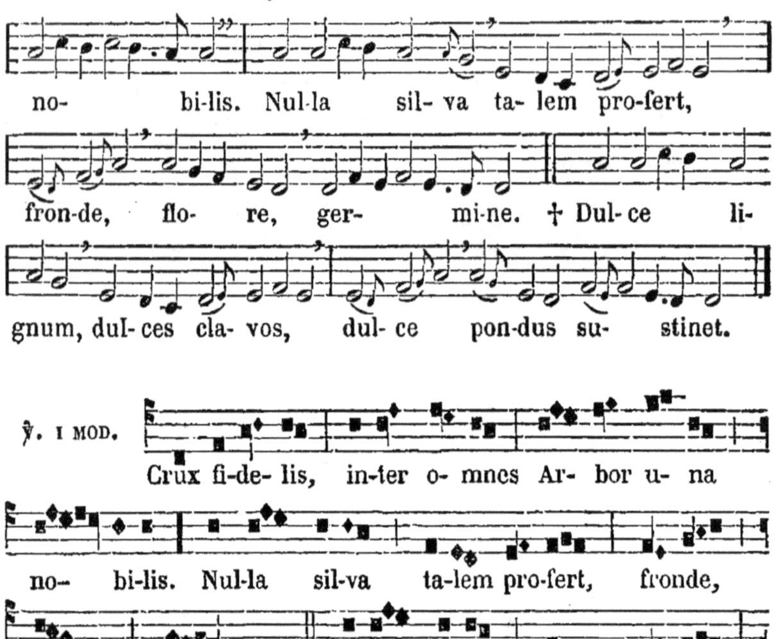

INTROIT AVEC VERSET

(1) C'est pour obéir à l'autorité des meilleurs manuscrits, que le P. Lambillotte a maintenu dans la strophe *Crux fidelis* quelques notes de plus que dans le reste de l'Hymne *Pange lingua.* Partout, en effet, on trouve ce refrain ou verset avec une mélodie particulière un peu plus ornée que celle des strophes suivantes. (*Voyez*, outre les manuscrits de Saint-Gall, de Murbach, etc., le Graduel n° 903, ancien fonds latin, de la Bibliothèque impériale.)

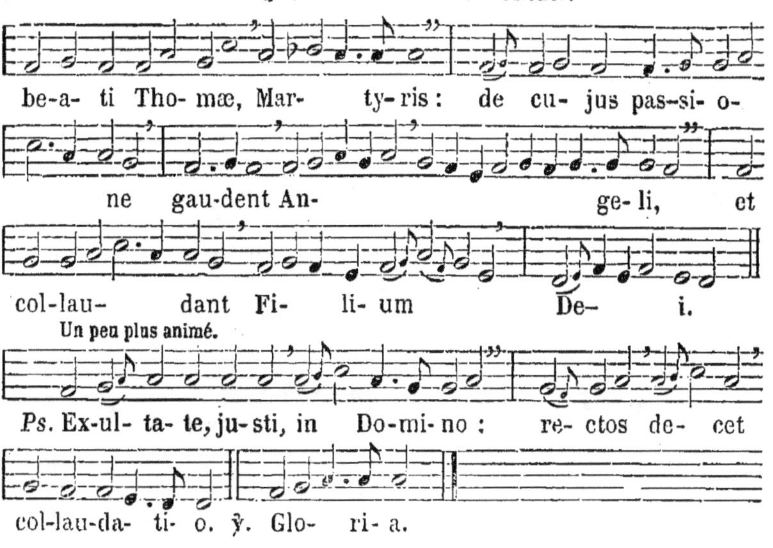

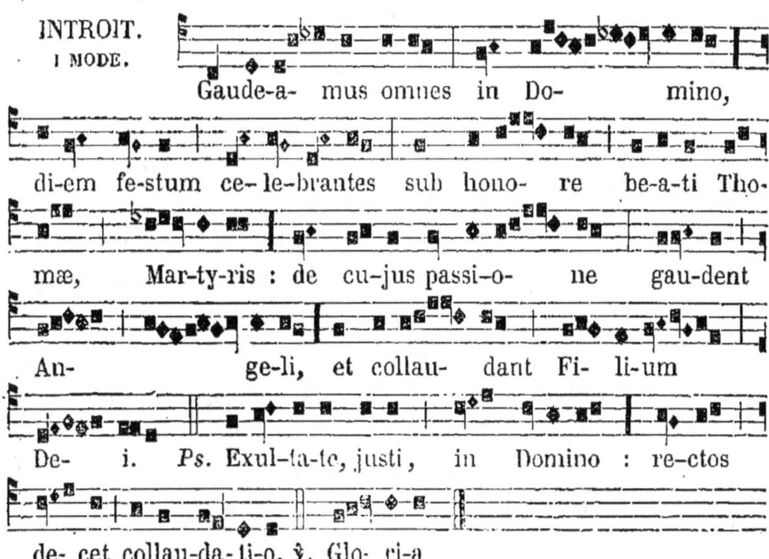

PRIERE FERVENTE.

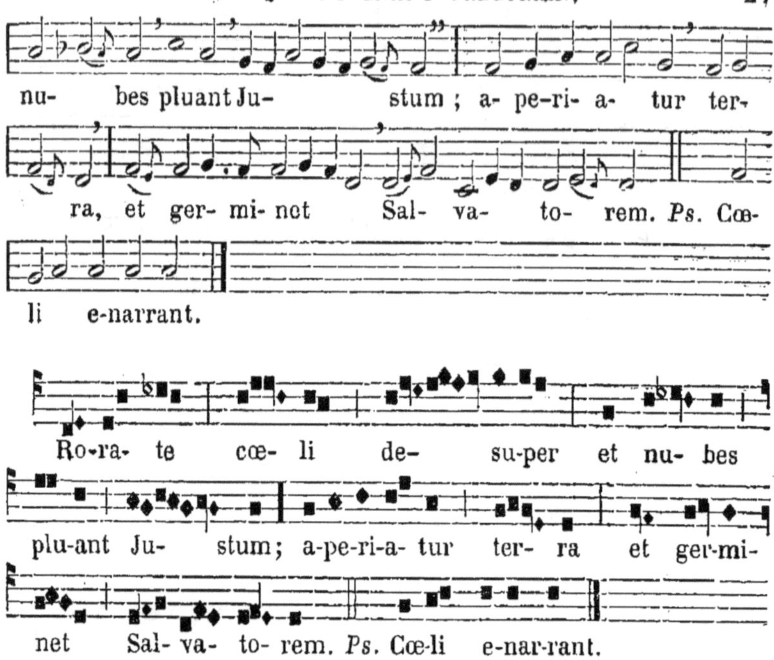

Qu'il nous soit permis de nous arrêter un instant sur les beautés musicales de ces trois morceaux.

Dans le premier nous remarquons un début simple et modeste sur *Crux fidelis :* c'est l'exposition du sujet; puis la voix s'élève par degrés sur ces belles paroles : *Arbor una nobilis.* Arbre de la croix, arbre incomparable ! arbre au-dessus de tous les autres ! Comme la mélodie exprime bien cette pensée ! Quelle variété d'expression sur les mots, *fronde, flore, germine!* Puis, comme la voix prend bien l'accent de la douceur unie à la tristesse sur ces expressions, *dulce lignum, dulces clavos, dulce pondus ;* et retombe avec grâce sur *sustinet !* La piété la plus vraie règne dans tout ce morceau.

Dans le second, même début simple et modeste sur *gaudeamus ;* mais aussitôt la voix se dilate quand elle prononce le nom du Seigneur, *in Domino.* Elle annonce le sujet plus particulier de son allégresse, *diem festum ;* elle se dilate encore sur *celebrantes;* elle s'élève sur *honore,* et sur le nom du saint qu'elle célèbre. Elle s'arrête avec bonheur sur les mots qui expriment le mieux la cause de cette joie : et semble se complaire dans les expressions *passione, angeli, collaudant, Filium Dei*. Puis, pour conclusion épiphonétique, elle entonne avec enthousiasme : *Exultate, justi, in Domino* : Justes, triomphez d'allégresse, etc. (1).

Remarquons à propos du Psaume qu'il faut bien se garder de donner à ces sortes de chants la régularité de rhythme que l'on garde pendant le reste de l'Introït. Les chants psalmodiques ont une allure qui leur est propre, subordonnée surtout aux règles d'une bonne lecture accentuée, comme nous le montrerons plus loin.

Dans le troisième, c'est une prière qui commence sur *Rorate:* la voix débute encore avec simplicité et modestie ; elle s'élève sur *Cœli*, et semble pénétrer les cieux à *desuper*. Remarquez comme elle prie sur *nubes*, sur *pluant*, comme elle se délecte sur *justum !* comme elle rend bien les mots, *aperiatur terra :* cette terre qui va produire le Sauveur ! Puis elle entonne le Psaume avec le saint enthousiasme de la reconnaissance : *Cœli enarrant gloriam Dei*. Il nous semble impossible de ne point voir dans ces chants l'inspiration de l'Esprit-Saint, l'accent de la vraie piété (2).

On dira peut-être : *La musique Grégorienne est donc dramatique?* Oui, sans doute, mais de ce dramatique de la foi, *calme, noble, sublime* et qui porte l'âme à Dieu. Ce n'est point ce dramatique sensuel, théâtral, violent, voluptueux, qui attire l'âme dans la fange des choses terrestres. Ici tout est vrai, rien n'est forcé. En chantant, l'âme prie, loue et adore.

La musique Grégorienne est dramatique. Oui, comme les

(1) Epiphonema : « *Rei narratæ summa acclamatio.* » dit Quintillien. Tel est en effet le rôle du Psaume ajouté à l'*Introït*.

(2) Mais encore une fois, rien, non, rien ne remplacera jamais l'intelligence de ce que l'on chante. Nous le disons avec douleur, ces divines mélodies seront maltraitées, jugées inexécutables par une foule de gens qui n'entendent pas ce qu'elles signifient. Que faire, ô mon Dieu ! se résigner et attendre.

pompes du Christianisme, où l'église a voulu parler à l'homme tout entier, à son esprit, à son cœur, à ses sens ; elle est dramatique, comme cette pieuse cérémonie des Rameaux où semble mise en action l'entrée triomphale de Jésus à Jérusalem ; comme ces pompes lugubres et magnifiques de la Semaine sainte, et tant d'autres dans lesquelles la sainte Épouse du Sauveur invite ses enfants à *s'émouvoir* avec leur Mère. Qui donc osa jamais l'en blâmer, sinon la prétendue Réforme?

Parmi les morceaux postérieurs à saint Grégoire, on trouve aussi plusieurs pièces remarquables composées dans ce mode. Par exemple la prose de la Pentecôte : *Veni, sancte Spiritus.* Mais déjà les règles Grégoriennes n'y étaient plus assez observées : on y remarquait des intervalles d'octave, etc. Nous en donnerons ici quelques strophes pour servir d'exercice. Nous y avons rétabli la règle Grégorienne.

Le rhythme ternaire, pris dans un mouvement GRAVE et RELIGIEUX, donne à ce chant la force et la douceur qui conviennent à la prière. Sans ce rhythme, le morceau est lourd, monotone, sans vie.

Nous ne comprenons pas le goût des personnes qui le chantent à notes égales (1).

L'Antiphonaire Grégorien fournit de magnifiques modèles dans ce mode. Nous nous bornerons à l'Antienne suivante empruntée à l'office du 2e Dimanche de l'Avent.

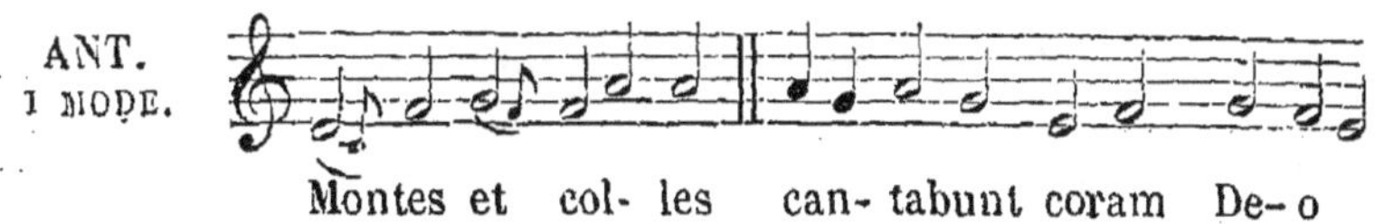

(1) Nous formerons un chapitre à part de ce qui regarde la Psalmodie. Nous supprimons donc ici et dans les articles suivants les indications qui s'y rapportent et dont plusieurs auront besoin d'éclaircissements et de rectifications. (*Note de l'Éditeur*.)

On peut encore étudier dans ce mode les Antiennes *Erunt prava* du IVe Dim. de l'Avent, *Tribus miraculis*, de l'Épiphanie ; *Angeli et Archangeli*, de la Toussaint.

ARTICLE II.

Second mode. — Hypodorien.

Le second mode a la même finale que le premier. En voici l'étendue et la composition.

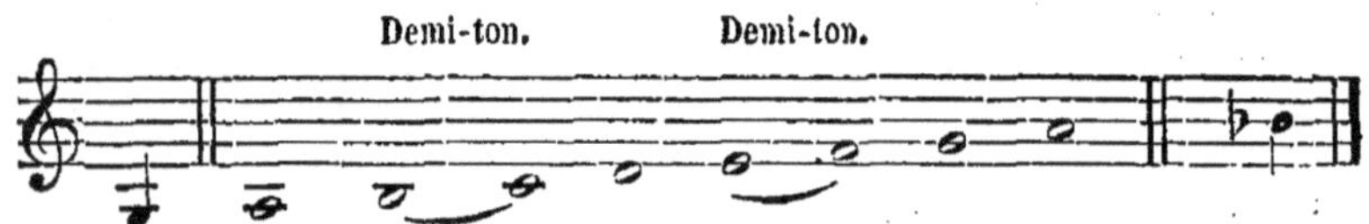

FORMULE DU DEUXIÈME MODE.

RÈGLE. — Les notes qui commencent et terminent les phrases sont comme dans le premier mode : *ut*, *ré*, *fa*, *sol*, *la*. Celles-ci peuvent aussi commencer sur les notes plus graves : mais il en est peu d'exemples dans l'Antiphonaire Grégorien.

CARACTÈRE DE CE MODE. — Il est propre, dit dom Jumilhac (*Méthode*, p. 226), à exciter à la douleur, à la pénitence ; à déplorer les misères de cette vie, à modérer les passions. Il convient, dit l'abbé Poisson, aux sujets graves, lugubres ; il sait exprimer aussi l'admiration, les désirs, mais toujours d'une manière calme et modérée.

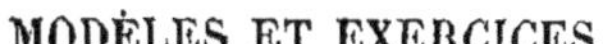

MODÈLES ET EXERCICES.

Tristesse et plainte.

I.

II.
De-us, De-us me- us, re-spi-ce in me:
qua-re me de- re- li- qui-
sti? etc. ℣. I- psi ve-ro con-si- de-ra- verunt et conspe- xe-
runt me; di- vi- se- runt si- bi
ve- stimenta me- a et su- per vestem me-
am mi- se- runt sor- tem.
I.
Po- pu- le me-us, quid fe- ci ti- bi?
aut in quo con-tri-sta- vi te? Re-spon-de
mi-hi.
II.
De-us, De-us me-us, re-spi-ce in me:
qua-re me de-re- li- qui- sti? etc.

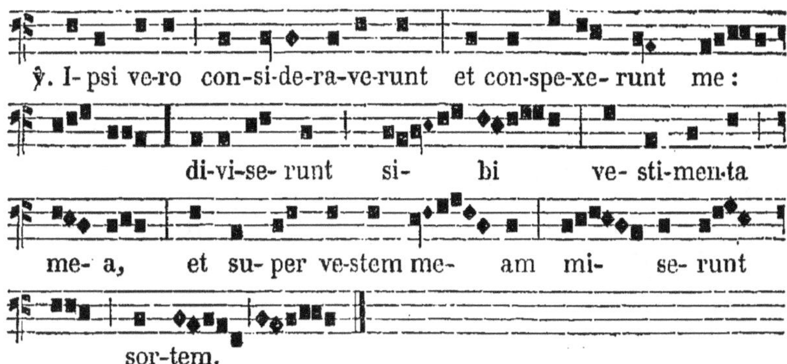

Il règne dans ces deux morceaux un accent de tristesse, qu'il est impossible de ne pas sentir, tant la mélodie en est empreinte. La voix roule toujours sur les mêmes notes, et semble former une espèce de lamentation monotone, pareille aux accents d'un homme qui gémit.

Ce mode exprime aussi parfaitement le sentiment d'une profonde terreur; la preuve en est dans le *Dies iræ.*

Te- ste David cum Si-byl-la. *Voyez le Graduel,* p. 767 (1).

Il se prête encore au sentiment de l'admiration. Ecoutez les grandes antiennes de l'Avent :

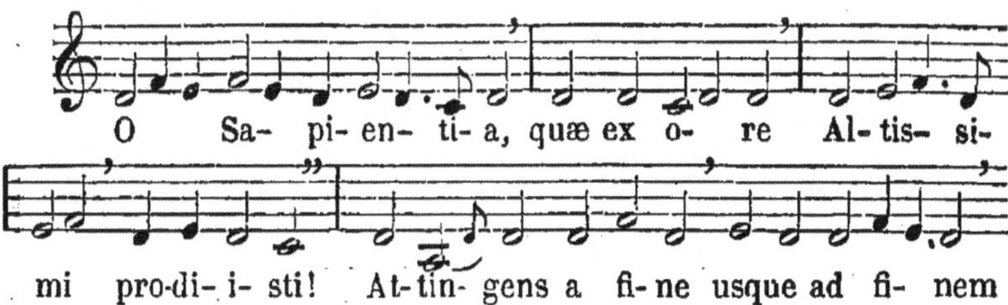

(1) La correction *Crucis expandens vexilla* a, entre autres inconvénients, celui de supprimer une césure que le rhythme réclame impérieusement.

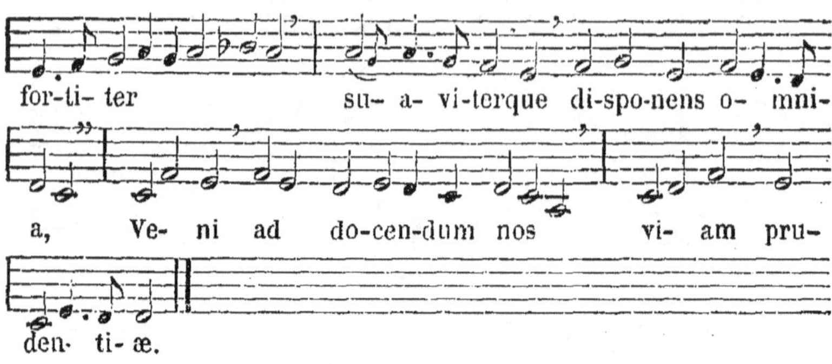

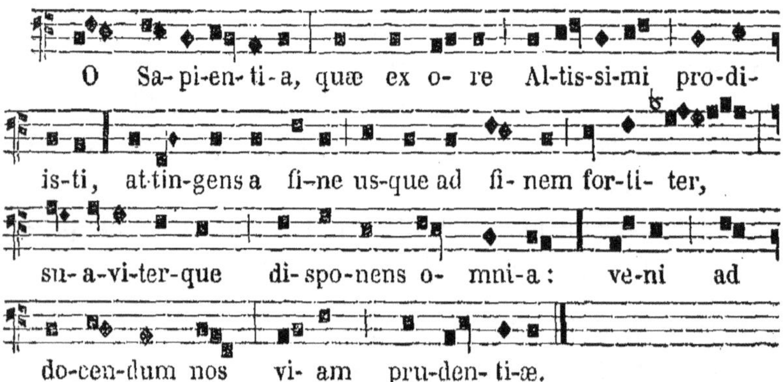

La gravité de ce mode convient aussi pour exalter la puissance, la grandeur, la majesté divine ; comme dans l'*Introït* de l'Épiphanie.

Nous le donnons ici avec le Psaume :

ARTICLE III.

Troisième mode. — Phrygien.

Étendue et composition. — Le troisième mode a pour note finale et principale *mi*. Son étendue va de ce *mi* au *mi* son octave. Cependant il descend par extension jusqu'au *ré* et même jusqu'à l'*ut*

Règle. — Il ne doit commencer et finir les phrases que par une de ces notes : *mi, fa, sol, la, si* ; et *ut* par exception.

D'après saint Oddon de Cluny, ce mode préfère le *si* ♮ au *si* ♭, parce que le *si* ♮ est la quinte juste de sa finale et la quarte juste de l'octave. Il préfère les intervalles disjoints aux intervalles conjoints : ainsi, il procède en sautant plutôt qu'en marchant. (*Fractis saltibus delectatur* (1). Il prend donc rarement le *si* ♭.

En voici la formule :

Caractère de ce mode. — Selon Gui d'Arezzo, par ce mode on peut exprimer, exalter les vertus des grandes âmes : *Per deuterum dignitates et qualitates animorum indicare possumus* (2).

Les Lacédémoniens s'en servaient pour animer au combat. C'est en entendant des mélodies de ce mode qu'Alexandre se levait pour courir aux armes (3). L'abbé Poisson dit qu'il est propre aux textes qui marquent beaucoup de mouvements, d'impétuosités, des désirs véhéments, des mouvements de colère, de fureur. Il exprime heureusement les ordres, les menaces, etc... Il frappe, il étonne par la vivacité de ses allures ;

(1) Gerb., *Script.* I, 260.

(2) Guido, *Microl.*, XIV.

(3) Λέγεται (τὸν Τιμόθεον) Ἀλεξάνδρῳ ποτὲ τὸ Φρύγιον ἐπαυλήσαντα, ἐξαναστῆσαι αὐτὸν ἐπὶ τὰ ὅπλα. (S. Basile, *Discours aux jeunes gens, sur la lecture des auteurs profanes*, ch. IV.)

il convient aux sujets qui annoncent l'orgueil, la hauteur, l'emportement : il est prophétique. Sur ce mode on varie heureusement les expressions de grandeur, de noblesse et de douceur. Quelques modèles en feront juger.

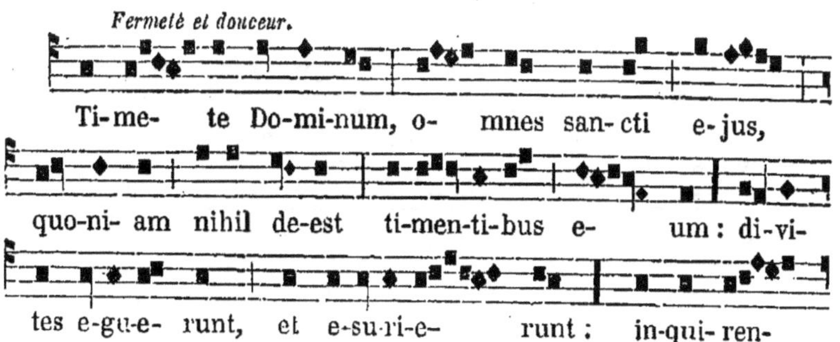

Dans ces paroles, le Roi-Prophète exhorte les nations à craindre le Seigneur ; la mélodie Grégorienne s'accorde parfaitement avec cette pensée, et le mode, qui a de la vigueur et de l'énergie, convenait admirablement à l'expression de ce sentiment : *Timete Dominum*. Quelle différence de caractère avec le mode précédent : celui-ci est fort, vigoureux, énergique ; l'autre calme, triste, mélancolique. Le mode phrygien convient aussi parfaitement pour célébrer le triomphe, la victoire, et tous les sujets qui demandent un saint enthousiasme. En voici un exemple :

Dans l'Office de la Circoncision de Notre-Seigneur, on trouve une belle Antienne empruntée à ce mode et bien propre à justifier ce que nous avons dit.

ARTICLE IV.

Quatrième mode. — Hypophrygien.

Étendue et composition. — Ce mode, d'après la doctrine des anciens maîtres (1), peut monter jusqu'à l'*ut* supérieur, et

(1) Voyez Hucbald, Oddon de Cluny, Gui d'Arezzo, etc.

descendre jusqu'au *si* et même au *la* d'en bas; il use légitimement du *si* ♭.

Sa finale est *mi*, comme dans le troisième mode.

Règle. — Quoique le *si* ♮ entre dans la constitution de ce mode, saint Oddon nous apprend qu'il préfère le *si* ♭, quand il se tient dans les notes graves qui convergent vers la finale. Ses initiales et finales de phrases sont : *ut, ré, mi, fa, sol.*

Caractère moral de ce mode. — L'abbé Poisson et Dom Jumilhac résument parfaitement les caractères moraux de ce mode. Voici ce qu'en dit le premier :

« Ce mode est bas, humble, timide, propre aux sentiments » de componction, de tristesse, de plaintes, de prières, de » gémissements; il adoucit la colère par sa douceur et mo- » destie; quelquefois il s'élève et prend le ton de la remon- » trance comme le troisième. »

Selon Dom Jumilhac il est propre aux larmes, aux douces plaintes, aux douces invitations, aux doux reproches. Voici les accents qu'il prête au divin Sauveur le jour même de la Résurrection.

(1) Plusieurs personnes ont été étonnées de ne pas trouver le *si*♭ dans la formule psalmodique qui termine cet Introït. Il ne doit pas s'y rencontrer; son introduction, due à une transposition fautive, s'est maintenue en plu-

sieurs églises, grâce à l'harmonie vicieuse que les organistes et les auteurs de contrepoint ont appliquée à cette phrase. Ils l'assimilent maladroitement au premier mode et jouent ou écrivent :

Quand ils devraient jouer ou écrire pour rester dans la tonalité :

Dom Jumilhac, il est vrai, a employé ce bémol ; mais de bonnes éditions (notamment celle de Liége de 1789), l'ont redouté jusqu'à mettre devant le *si* un bécarre qui n'était pas nécessaire. D'ailleurs, l'analogie de la formule psalmodique aurait dû suffire pour redresser une correction si malencontreuse, et qui avait déjà au douzième siècle choqué les réviseurs de l'Antiphonaire Cistercien (*Esthétique*, p. 238). Encore une fois, les manuscrits et les meilleures éditions des Prémontrés, des Chartreux, etc., excluent formellement cette note bémolisée.

A la première inspection de ce morceau, on est porté à penser que ce mode si bas, si timide, ne convenait pas au grand jour de Pâques; cependant, peut-on trouver des accents plus vrais, plus religieux, pour rendre le sentiment qui domine dans le texte? Il faut observer que c'est le Sauveur lui-même qui chante. Avec quelle noble simplicité sa *voix divine* entonne le *Rexurrexi!* avec quelle noble fierté elle s'élève sur ces autres paroles : *et adhuc tecum sum!* — Quels doux accents de reproches dans ces mots : *posuisti super me manum tuam!* Quelle expression de bonheur dans ceux qui suivent : *mirabilis facta est scientia tua!* Puis s'épanche l'allégresse dans un *Alleluia* quatre fois répété : *Louez le Seigneur!* A Dieu seul la gloire! *Louez-le.* C'est dans ce sentiment que la voix du Sauveur s'écrie : *Domine, probasti me :* « Seigneur, c'est vous qui m'avez éprouvé; c'est vous qui » m'avez ressuscité. A vous seul gloire et honneur : *Alleluia.* » — Un compositeur moderne se serait évertué à faire de magnifiques phrases musicales sur ce mot *Resurrexi.* Sa musique aurait-elle été aussi vraie, aussi religieuse, aussi sublime que celle de saint Grégoire?

Les Antiennes du quatrième ton sont remarquables par l'onction dont elles sont pleines. L'un des types les plus souvent reproduits dans la liturgie est le type *Benedicta tu* dont parle saint Bernard dans sa préface de l'*Antiphonaire Cistercien* (1), et dont la suavité ravissait l'illustre Choron, au point de lui faire dire qu'un tel chant ne pouvait venir que des Anges.

Voici une Antienne de ce genre empruntée à l'office de l'Avent.

(1) Voyez *Esthétique*, p. 229 et suiv.

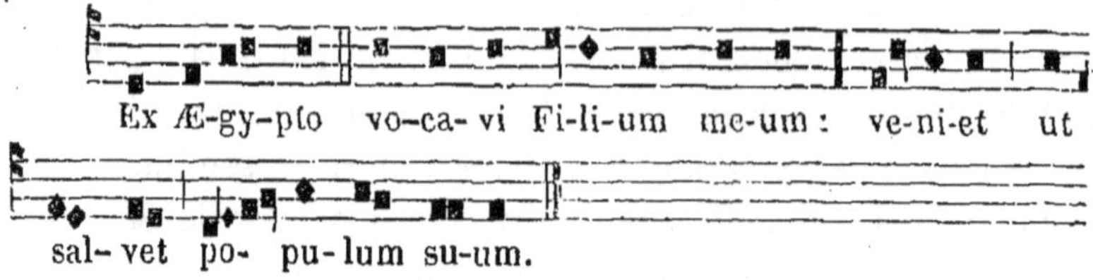

ARTICLE V.

Cinquième mode. — Lydien.

Le cinquième mode a le *fa* pour note finale, et l'*ut* pour dominante.

Il ne peut commencer, ni finir ses phrases que par *fa*, *la*, *ut* ; rarement par *sol*.

En voici l'étendue, d'après Oddon de Cluny.

FORMULE DU CINQUIÈME MODE.

Caractère moral. — Le cinquième mode, selon Jumilhac, est semblable au son de la trompette qui chante non le combat, mais la victoire. — Gui d'Arezzo assure que saint Grégoire le préférait à tous les autres, à cause de sa douceur, et parce qu'il se prête mieux à l'harmonie des accords : *Vidimus a Gregorio non immerito plus cæteris adamatum* (1).

L'abbé Poisson ajoute que ce mode est propre à exprimer les grandes joies ; les textes sacrés, qui marquent le triomphe, s'y adaptent très-bien ; le dialogue animé lui sied admirablement, comme dans le chant de la *Passion.* Il est aussi déprécatoire, pressant, affectueux, propre à inspirer la confiance ; ses allures sont vives, animées, éclatantes ; il admet beaucoup de douceur en descendant, par le moyen du *si* ♭ qui lui est très-familier et très-nécessaire, pour éviter la rudesse du triton. — Tels sont les caractères moraux que nos meilleurs maîtres attribuent au cinquième mode.

Donnons quelques modèles où ces caractères se font remarquer d'une manière plus saillante.

Le Répons *Christus factus est*, dont les premières modulations appartiennent au sixième mode, rentre dans le cinquième avec une solennité et un accent de triomphe bien dignes de la sublimité des pensées qu'il exprime.

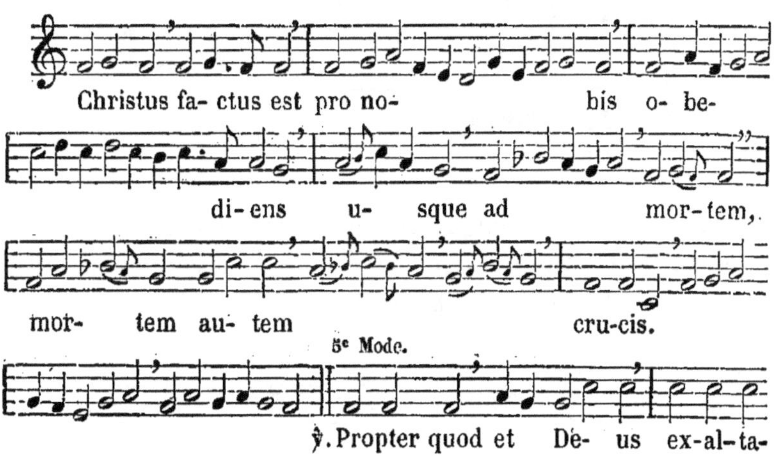

(1) Gerb., *Script*, II., 22.

On voit combien le cinquième mode se prête au dialogue dans l'Antienne suivante, qui se chante à la cérémonie du *Mandatum*, au lavement des pieds, le Jeudi-Saint.

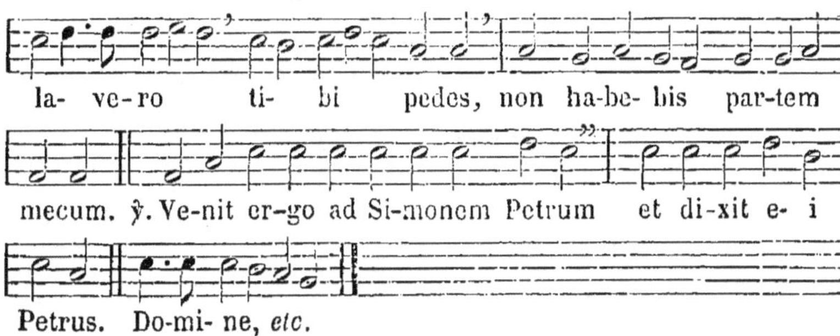

L'Introït du IXe dimanche après la Pentecôte nous offre un beau modèle de ce mode, dans le genre noble et élevé. Le voici avec le chant du Psaume.

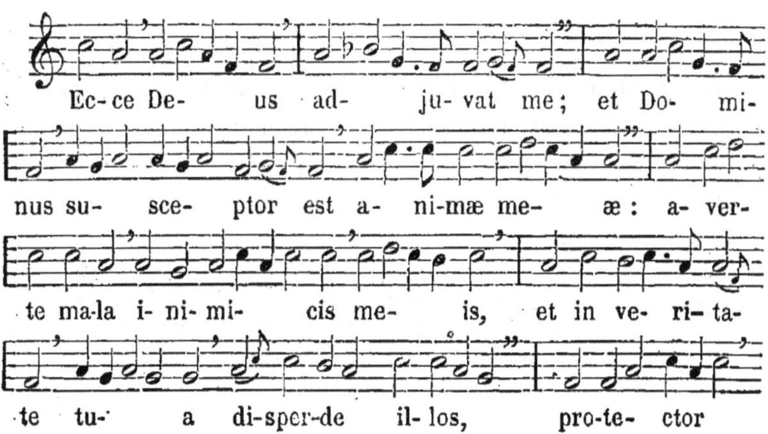

L'exemple suivant offrira un modèle dans le genre énergique. C'est le chant de triomphe que l'Église met dans la bouche de sainte Cécile, au jour de sa fête. Il règne dans ce chant une noble hardiesse, une sainte fierté, qui convient admirablement au caractère de la jeune martyre.

(1) Voyez au chap. de la Psalmodie ce qui regarde les monosyllabes.

On trouve une antienne du même caractère dans l'office de la Circoncision de Notre-Seigneur.

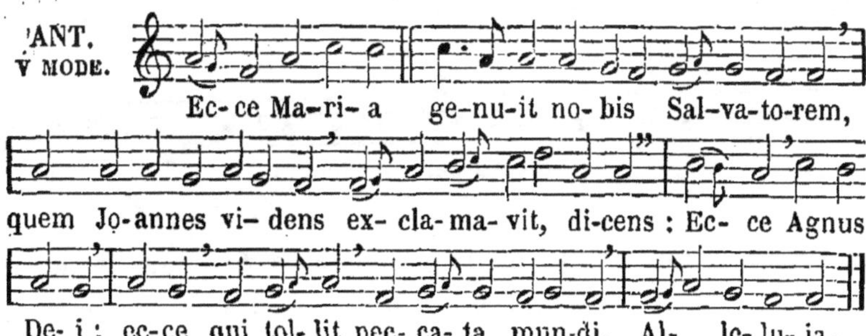

ARTICLE VI.

Sixième mode. — Hypolydien.

Le sixième mode est le plagal du précédent. En voici l'étendue et la composition.

Règle. — Le sixième mode prend donc *fa* pour finale. Il monte jusqu'au *ré* et descend jusqu'à l'*ut*. Il ne commence et ne finit ses phrases que par *fa, la, ré, ut*, rarement par *mi*

et par *sol*. C'est presque toujours par *fa* qu'il commence un morceau.

Caractère moral de ce mode. — Selon le cardinal Bona, il convient aux sujets affectueux, tendres, pieux, à l'action de grâces, à la prière, à l'expression des sentiments de confiance, de douce exhortation, de résignation, d'espérance, de commisération, de deuil, de tristesse, etc., etc., et aussi de joie modeste. — Il préfère les marches par degrés conjoints aux marches bondissantes, par grands intervalles; il faut donc éviter cela quand on compose dans ce mode. — Quelques modèles que nous allons donner serviront à en faire apprécier les divers caractères.

La marche calme et tranquille de cette mélodie s'accorde parfaitement avec le sens des paroles. C'est le juste qui médite, dans la paix de la solitude, la loi du Seigneur. Là, point de mouvement violent, point d'agitation turbulente. Le sixième mode convenait donc parfaitement à ce texte.

Dans le morceau suivant, on verra combien le même mode se prête heureusement aux accents de la prière. C'est l'Offertoire du second dimanche après la Pentecôte, restauré dans sa pureté native.

Nous avons indiqué, à propos du cinquième mode, la belle mélodie du *Christus factus est,* qui a servi de type à tant d'autres pièces de chant. Nous ne citerons pas ici d'autres mélodies plus récentes, admises dans la liturgie telles que le *Requiem*, Introït de la Messe des morts; l'*O quam suavis*, de l'office du Saint-Sacrement : ces morceaux sont connus de tous les amateurs de chant : nous transcrirons seulement ici la belle antienne *Exiit sermo* de l'office de saint Jean l'Evangéliste.

ARTICLE VII.

Septième mode. — Mixolydien.

Règle. — Le septième mode prend *sol* pour finale. Il monte jusqu'au *sol*, son octave, et même jusqu'au *la* (1); il ne com-

(1) On doit éviter le plus possible de donner à ce mode et à son plagal, le *si*♭, sans quoi, dit Oddon de Cluny, on ne le distinguerait pas du premier. Car alors, il aurait, comme celui-ci, la première tierce mineure. Ainsi, c'est une faute de terminer par un *si*♭ le *Veni Creator* et le *Lauda Sion*. Comme le font certaines éditions romaines et autres :

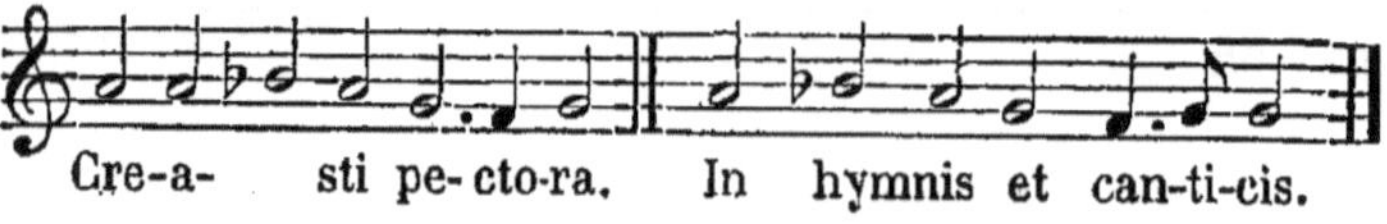

Il vaut mieux dans ce cas, pour éviter le triton *indirect* mettre une *subduction* ou *dièze sur le fa*, suivant le conseil de Gui d'Arezzo, la transmutation de mode cesse d'être choquante.

mence et finit ses phrases que par *sol*, *si*, *ut*, *ré*; rarement par *fa* et *la*.

CARACTÈRE MORAL DE CE MODE. — Selon le cardinal Bona, ce mode est propre aux grands sujets, aux grands mouvements, aux exclamations énergiques; il peint les événements étonnants, éclatants; il est majestueux et impératif; il convient pour exciter à la joie; il réveille l'attention; il s'exprime avec grandeur. Sa marche procède par les grands intervalles de quinte, de quarte; il porte l'âme aux choses célestes; il aime les sujets triomphants et courageux. En voici des modèles tirés de l'Antiphonaire Grégorien.

Pu- er na- tus est no- bis, et fi- li-us

da-tus est no- bis : cujus im-pe- ri- um su-per hu- me-

Il est inutile de nous arrêter à faire remarquer les beautés musicales de cet Introït; il suffit qu'on le chante avec goût pour les sentir et les apprécier. Que ce début sur *Puer natus est*, est simple, beau, grandiose, propre à réveiller l'attention! avec quelle majesté la voix s'élève sur *Cujus imperium*, sur *magni consilii Angelus!* puis avec quel bonheur elle entonne le cantique de reconnaissance : *Cantate Domino canticum novum!* avec quel sentiment tout le peuple doit ajouter : *quia mirabilia fecit!* La doxologie vient ensuite couronner la beauté de ce morceau. « Gloire donc au Père, au Fils, à l'Esprit-Saint, etc.

La musique moderne a-t-elle rien de comparable à ces beautés simples, sublimes? — Ici, rien de forcé, le sens du texte n'est point offusqué par les notes; il peut être compris de tous les auditeurs. Quelle différence avec notre musique moderne, souvent si prétentieuse, si alambiquée dans ses formes, dans ses modulations!

Mais passons à un autre morceau, dont les beautés ont été appréciées par un des meilleurs juges du siècle dernier : l'abbé L. Poisson. C'est l'Antienne du *Benedictus*, au grand jour de l'Ascension.

« Quelle noble simplicité ! s'écrie l'auteur : les expressions, le partage si juste des différentes parties de la phrase, la douceur et la majesté de la modulation, tout plaît dans cette magnifique Antienne. »

L'Introït du même jour est encore un magnifique modèle de ce mode. On le trouvera dans notre Graduel, restauré d'après les manuscrits, aux pages 265 et 232.

Le septième ton est merveilleusement propre au dialogue, et l'Antiphonaire Grégorien l'emploie souvent à cet effet. En voici un exemple entre autres.

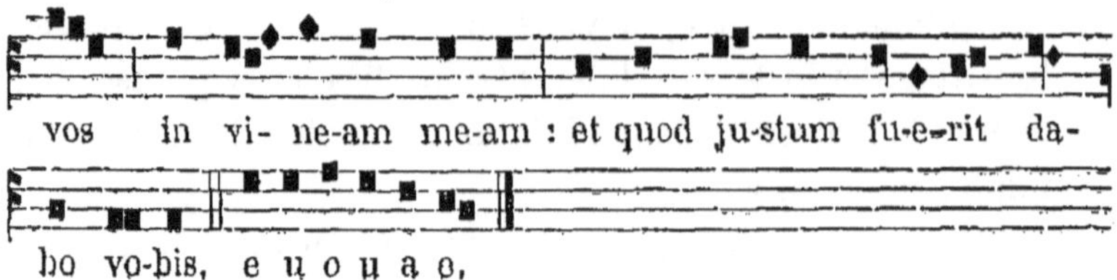

ARTICLE VIII.

Huitième mode. — Hypomixolydien.

Étendue et composition. — Ce mode a pour finale, *sol*. Il descend à la quarte inférieure de sa finale et monte à la quinte supérieure. Il s'étend, selon saint Oddon, de deux notes, l'une en haut et l'autre en bas de son échelle.

Saint Oddon observe encore que ces deux notes d'extension ne peuvent s'employer dans le même morceau. Si l'on se sert de l'une, il faut retrancher l'autre : *Non recipitur utraque in eodem cantu* (1).

Ses phrases mélodiques ne doivent commencer et finir que par *ut, ré, fa, sol, la;* rarement par *mi*.

(1) Gerb., *Script.*, I, 263.

Caractère de ce mode. — Selon Dom Jumilhac, ce mode est rempli d'aménité, de gaieté modeste, de tranquillité, de douceur : il est appelé par les anciens, céleste, mystique. Selon l'illustre cardinal Bona, il est doux, paisible, propre à la narration, au récit ; ses allures sont calmes, planes, d'une douce gravité. Il convient aux Traits ; il se prête facilement à tous les sujets : ce qui l'a fait appeler aussi, universel ; et de fait, nul ne revient plus souvent dans la liturgie. Nous allons citer pour modèle l'Introït du premier dimanche de l'Avent, que les historiens et les manuscrits antiques nous donnent comme le premier morceau sorti de la plume de saint Grégoire : *Sic est orsus canere : Ad te levavi animam meam* (1).

(1) Voyez l'*Antiphonaire* de saint Grégoire, p. 2.

On voit dans ce morceau que la mélodie est parfaitement d'accord avec le sens du texte. Dès le début, la voix partie des notes graves, prend son essor sur *levavi*, puis continue à s'élever sur *animam*, pour arriver sur *Deus meus*, au plus haut degré où elle puisse atteindre. Quelle expression de confiance et de noble fierté dans ces paroles : *Neque irrideant me inimici mei?*

(1) Dans les finales analogues à celle de cet Introït, sur le mot *confundentur*, le rallentissement se doit faire surtout sur la note qui précède les deux brèves et ces deux brèves elles-mêmes se disent plus lentement que dans le reste du morceau.

Le chant de cet Introït était vraiment digne de commencer l'*Antiphonaire Grégorien*, et la tradition, appuyée sur des monuments antiques, en attribue la composition à saint Grégoire lui-même.

Le huitième mode se prête très-bien aussi à l'expression d'une sainte et douce joie, comme on peut le voir dans les deux Antiennes suivantes :

Note carrée, GRADUEL, *p.* 461.

CHAPITRE III.

DU CHANT DES PROSES ET DES HYMNES.

Il nous a paru nécessaire de parler spécialement du chant des Proses et des Hymnes, parce qu'il s'est introduit sur ces chants certains préjugés contraires à la doctrine de nos premiers maîtres. On a dit et même souvent imprimé, que le chant des Proses et des Hymnes devait être uni, c'est-à-dire, qu'on ne devait y faire sentir ni la mesure ni le rhythme. Que des chantres ignorants aient adopté cette doctrine, nous ne nous en étonnons pas ; mais qu'elle ait été prônée par des hommes de goût et de talent, c'est ce que nous ne pouvons nous expliquer, si ce n'est en voyant là une de ces exagérations auxquelles nous sommes si souvent exposés en notre pays de France. Ainsi quelqu'un aura dit : Le chant mesuré n'est pas assez grave; il en aura aussitôt conclu qu'il ne faut rien de rhythmé ni de mesuré dans les chants d'Église; et l'on n'a pas fait attention qu'en ôtant le rhythme poétique, on rendait le chant lourd, monotone et insipide. Il est à remarquer ici que nos meilleurs théoriciens du siècle dernier, tels que Dom Jumilhac, L. Poisson, le savant abbé Lebeuf, tiennent pour l'observation du rhythme dans le chant des Hymnes. Mais on dira peut-être que dans les anciens manuscrits écrits en *neumes* sans ligne ou avec ligne, on ne trouve point que les notes aient différentes valeurs. Que s'ensuivrait-il? Est-ce que Hucbald de Saint-Amand ne nous dit pas que ces choses se pratiquaient, quoiqu'on ne les écrivît pas exactement? Est-ce que Gui d'Arezzo, saint Augustin (1), saint Ambroise et la nature même des choses ne nous avertissent pas qu'on ne doit pas chanter de la poésie comme de la prose? Et puis, est-il bien sûr que les signes neumatiques n'indiquaient aucune valeur temporaire? Nous croyons avoir démontré le contraire en plus d'un endroit (2).

J'ai trouvé à Padoue, à Vérone, à Monza, à Mantoue, des manuscrits des xe, xie et xiiie siècles, où les brèves sont marquées par des points, et les longues par des virgules. Enfin, c'est encore un préjugé, une erreur, de croire qu'un chant mesuré par le mouvement binaire ou par le mouvement ternaire, ait moins de gravité qu'un chant qui ne l'est pas. Il suf-

(1) Dans le chant des vers, dit saint Augustin (lib. II, cap. III, *De musica)*, il faut que les sons soient mesurés, sans quoi la musique n'a pas d'agrément; au contraire, on ne s'entend plus qu'avec peine. « In sono versuum dimensio quædam numerorum delectat, QUO TURBATO delectatio exhiberi auribus non potest, imo nec sine offensione audiri. »

(2) Voyez l'Introduction de l'*Esthétique* et les deux derniers chapitres de la troisième partie.

fit de donner à ces mesures différentes le caractère grave et religieux qui leur convient, pour qu'elles conservent à la mélodie toute la gravité désirable. — On en abusera; qu'importe? n'abuse-t-on pas de toute chose? — On a, ce nous semble, étrangement abusé, pour fatiguer les fidèles, du principe des notes égales.

ARTICLE I. — DES PROSES.

La liturgie romaine, après la réforme de Pie V, n'a conservé que cinq Proses qui sont : 1° *Victimæ paschali laudes;* 2° *Veni, sancte Spiritus;* 3° *Lauda Sion;* 4° *Stabat mater;* 5° *Dies iræ.*

Le bienheureux Notker, moine de Saint-Gall, au IXe siècle, nous dit avoir appris de son maître *Ison,* que dans les Proses ou Séquences chaque syllabe ne devait recevoir qu'une note. Ison était un élève du célèbre chantre Romanus, envoyé à Charlemagne par le pape Adrien Ier; et le bienheureux Notker, dont il est ici question, est l'auteur d'une multitude de Séquences qui ont été chantées dans toutes les églises.

Les Proses que nous chantons encore aujourd'hui, suivent assez bien cette règle; mais là où il n'y avait autrefois que des petites notes d'ornement, on a placé des notes longues. Ainsi l'on chante;

Nous sommes persuadé qu'on chantait autrefois :

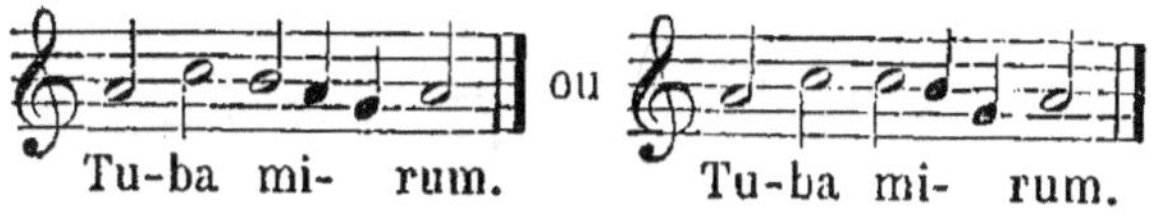

De cette manière, le rhythme se conserve mieux. — Dans cet autre exemple :

la marche pesante de la mélodie actuelle remplace sans nul doute cette mélodie primitive :

DES PROSES, *Lauda Sion, Stabat mater, Dies iræ.* — Dans ces trois Proses, qui marchent par spondées, sauf les deux premières dont les strophes se terminent par un dactyle, il faut avoir soin de faire sentir le rhythme de quatre notes communes suivies d'un léger repos. Ces mélodies, sans cela, perdraient toute leur beauté.

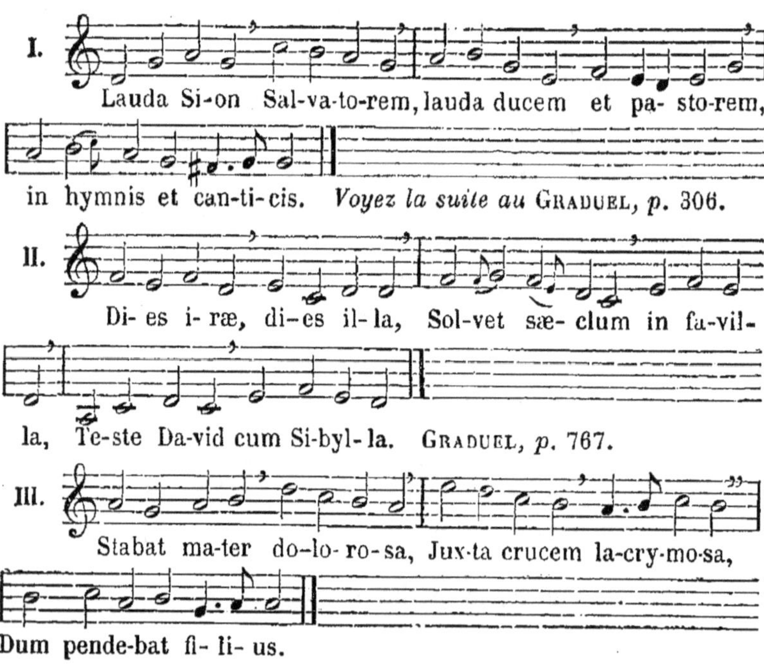

Les chants des Séquences étaient autrefois exécutés par toute l'assemblée des fidèles; voilà pourquoi on tenait à ce qu'ils fussent simples et faciles. Ces chants contenaient ordinairement le sujet de la fête. Les peuples y trouvaient l'histoire du mystère ou le panégyrique du saint que l'on célébrait, et elles devenaient ainsi un aliment à leur piété, une exhortation à la vertu et aux bonnes œuvres.

4° Quant à la Prose *Victimæ paschali laudes,* nous en avons parlé plus haut.

5° Nous avons aussi donné le chant de la Prose *Veni, sancte Spiritus.* Son rhythme ternaire, pris dans un mouvement grave et religieux, lui donne un caractère doux et plein d'onction, qui convient parfaitement au sujet de la fête; exécutée à notes égales, elle n'a plus ni vie, ni couleur; ce n'est plus une mélodie.

ARTICLE II. — DU CHANT DES HYMNES.

1° En général, le chant des Hymnes est plus orné que celui des Proses; mais malheureusement, encore ici, les petites notes d'ornementation ont été changées en grosses notes carrées, surtout dans les pays du Nord. C'est ce qui en a détruit la beauté et le rhythme.

2° Les mélodies des Hymnes ne sont pas uniformément reçues partout, ni appliquées aux mêmes textes. Il règne, à cet égard, dans les manuscrits une grande confusion. Comme ces chants sont destinés à être chantés par le peuple, nous nous sommes arrêtés aux versions les plus simples.

3° Comme la coupe de chaque strophe ne s'accorde pas toujours avec celle de la phrase mélodique, ordinairement nous avons noté l'hymne entière. Par là, nous remédions encore aux différences de quantité et aux *hiatus.*

Voici une Hymne restaurée d'après ces principes :

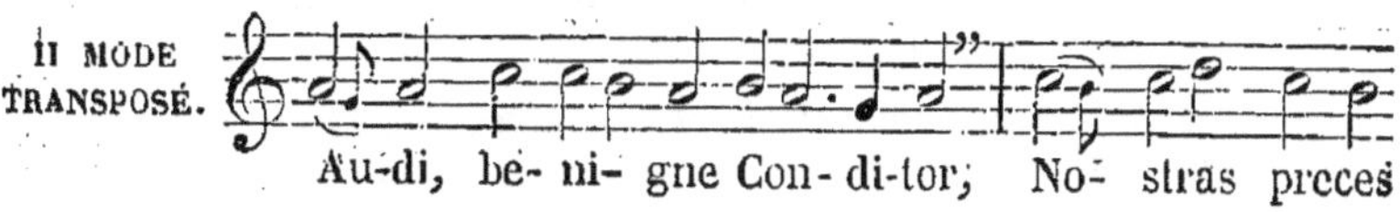

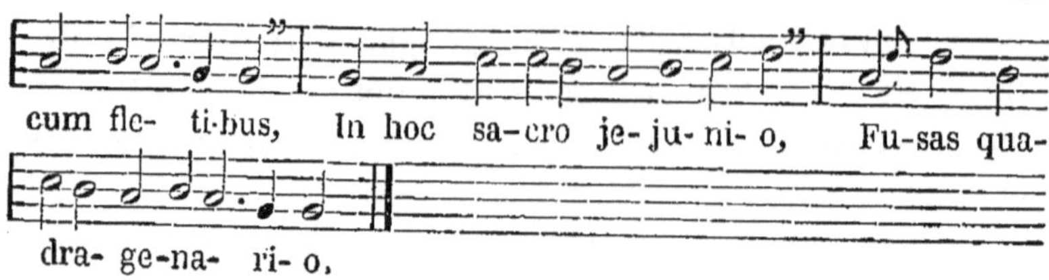

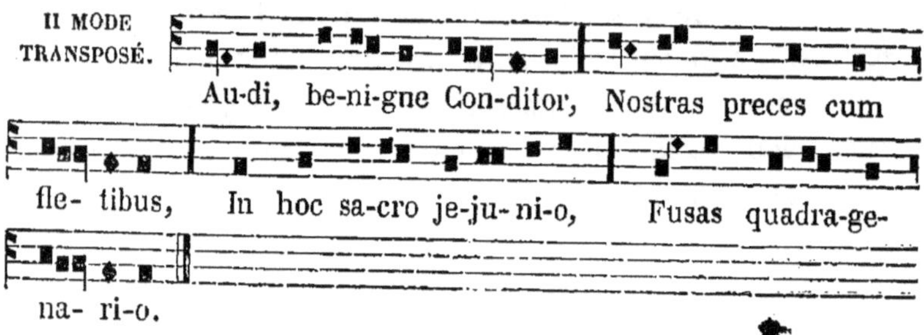

Chantée dans le mouvement convenable, et comme elle est ici écrite, c'est-à-dire en donnant deux temps égaux aux notes *rondes*, et un temps aux notes *blanches*; cette mélodie conserve sa gravité et sa douceur, malgré la mesure ternaire qu'on y devine sans peine, et prend de la vie et de la couleur par le rhythme qui lui est conservé. On remarquera que la mélodie de chaque vers est bien proportionnée par le nombre égal de temps qu'il renferme (1).

Voilà ce qui autrefois rendait les chants liturgiques si faciles à retenir qu'on les savait de mémoire, et qu'une notation très-imparfaite suffisait pour en rappeler le souvenir. Nous sommes persuadés qu'à notre époque, où le goût de la musique est si répandu, si les fidèles avaient entre les mains des livres notés de cette manière, on les verrait bientôt prendre une part active aux chants de l'Église; et certes, nos cantiques séculaires, ainsi chantés par l'assemblée des fidèles, produiraient un tout autre effet que les savantes compositions de la musique moderne. Nous avons la douce espérance que le jour où ce

(1) La symétrie existe quelquefois entre le premier vers et le dernier; d'autres fois elle alterne. Car il en est de la proportion rhythmique comme des rimes qui peuvent se croiser ou se correspondre immédiatement.

vœu sera réalisé n'est pas très-éloigné. Le retour de tant de diocèses à la liturgie romaine, le désir de voir l'unité établie dans les chants liturgiques, manifesté par tant d'évêques, l'accueil favorable que le souverain Pontife fait aux travaux dirigés vers ce but, les encouragements qu'il donne à ceux qui s'en occupent, produiront, tôt ou tard, ces fruits tant désirés.

Nous bénirons le ciel si nous avons pu contribuer pour notre part à hâter cet heureux moment.

Note additionnelle sur les Hymnes. — On peut dire que la destination des Hymnes, leur forme, leur origine s'opposent à ce qu'on les traite comme les autres parties du chant plane. Elles sont destinées, d'après toute la tradition, *à marquer la joie du peuple fidèle, à réveiller les cœurs engourdis, à captiver par de saintes douceurs les âmes distraites par les soins de ce monde, à reposer le peuple après une longue psalmodie* (1). Elles sont une manière de louer Dieu par la poésie et le chant : *Dei laus per carmen.* De là ces formes mélodieuses qu'on s'est toujours efforcé de leur donner, soit par une versification exacte et classique, soit par un arrangement symétrique des syllabes, et même par des rimes qui ont bien leur charme et dont la suppression nous paraîtrait bien regrettable, si quelqu'un l'opérait jamais. De là encore cette idée si généralement répandue qu'il n'y a pas d'Hymne sans *mesure,* suivant la belle définition du vénérable Bède : *Laus Dei metrice scripta* : une Hymne est une louange à Dieu, écrite avec la mesure. (On comprend qu'il n'est pas question du *Gloria in excelsis* ni du *Te Deum* auxquels on donne le nom d'Hymnes sans les confondre pour cela avec les chants dont nous parlons ici). Mais ce qui est vrai du texte des Hymnes, l'est-il aussi de leurs mélodies ? Gui d'Arezzo l'affirme (*Microl.* c. XV), et Gavantus déclare que si le chant n'est mesuré ce n'est pas un chant d'Hymne : *Cantus ille debet*

(1) Voy. Gavantus, *Tom. II, Sect. V, ch.* 5; le Card. Bona, *De Div. Psalm. Tom. IV oper. p.* 482; Gerb. *de Cant. et Mus. sac.* passim.

esse metricus, alioquin Hymnus nuncupari non posset. (*Loc. cit.*)

D'ailleurs si l'on excepte quelques pièces qu'un long usage assimile aux chants ordinaires, les airs d'Hymnes ont toujours formé une catégorie à part, distincte des mélodies *prosaïques*, et dont la tradition latine fait honneur à saint Ambroise (1). Que peuvent-ils donc avoir de particulier? — Leur mesure et leur rhythme.

Cette mesure et ce rhythme ne supposent pas toujours l'inégalité des valeurs ni l'application rigoureuse de nos procédés de musique moderne, comme se le figurent trop souvent ceux qui entendent parler de mesurer et de rhythmer les chants; mais elles réclament absolument l'exacte proportion numérique des membres de la phrase musicale, leur séparation par un silence, et la juste position de l'*Arsis* et de la *Thésis*, autrement dit du temps fort et du temps faible, réglée non sur la *quantité prosodique* de telle ou telle strophe, mais sur le genre de rhythme que comporte la mélodie adoptée et le texte auquel on l'applique. Cette théorie capitale ne peut être développée au long dans une note, et nous sommes obligés de renvoyer le lecteur à ceux qui l'ont traitée ex-professo, M. Vincent de l'Institut (*Notice sur divers manuscrits grecs relatifs à la musique*), et M. l'abbé Petit, supérieur du grand séminaire de Verdun, dans l'ouvrage remarquable dont nous parlerons au chapitre de la Psalmodie.

Cette proportion et cette symétrie des membres de la strophe a été soigneusement recherchée par le P. Lambillotte, dans son Antiphonaire. Il avait remarqué qu'en général le premier vers était plus chargé que les suivants, grâce aux additions qu'imaginaient les chantres pour rendre l'intonation plus solennelle. Nous avons pu nous convaincre nous-même en étudiant les Hymnaires de la Bibliothèque impériale, notamment le nº 1089 (fonds latin), que souvent, dans une fête, on ajoutait à l'air de la férie certains appendices, dont plusieurs nous sont restés, au détriment du rhythme et de la mélodie.

(1) Voy. S. August., *Conf.* lib. IX, c. 7; Valafrid. Strab., *De reb. Eccl* c. 25; et S. Isidore, lib. I *de Eccles. offic.* c. 6

Le manuscrit 1089 donne-t-il à l'Hymne *Jam lucis orto sidere* le chant suivant, *per annum :*

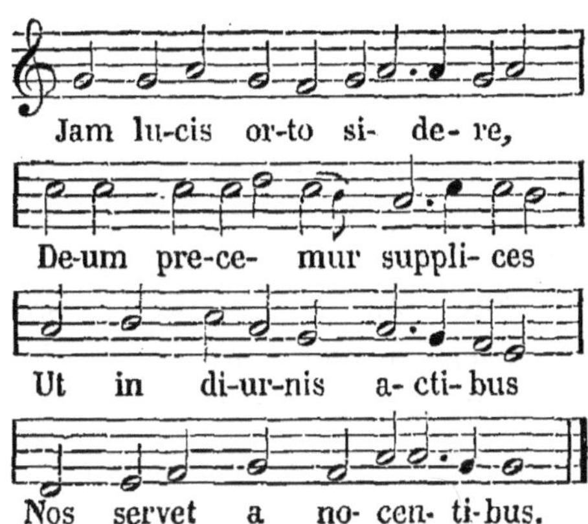

le même chant revient un peu plus loin, *per Octavas solemnes*, avec les additions que voici :

Nous devons, sans aucun doute, à ce déplorable usage, certains appendices tout à fait analogues, conservés dans les imprimés du dernier siècle.

Dans une des Hymnes de la Dédicace, par exemple, au lieu du premier vers que donnent les bons Hymnaires :

On chantait dans plusieurs diocèses de France :

Il faut ranger parmi ces additions malheureuses ce trait inséré au milieu de l'Hymne, *Crudelis Herodes*, à la fin du troisième vers.

Nous ne pousserons pas plus loin cette excursion déjà trop longue et peut-être trop peu élémentaire pour trouver place dans cette *Méthode*. Ceux qui veulent avoir la pratique à côté de la théorie pourront consulter l'*Antiphonaire* du P. Lambillotte, dont les hymnes forment peut-être la partie la plus remarquable.

CHAPITRE IV.

DE LA PSALMODIE.

De toutes les parties de l'office divin, la Psalmodie est la plus populaire, la plus considérable et probablement la plus antique. Saint Éphrem et saint Ambroise appellent les Psaumes *la voix de l'Église* (1). Dans tous les siècles de foi la Psalmodie a fait la consolation et les délices des chrétiens. Ni le bruit ni le tumulte des persécutions ne purent jamais couvrir la voix des fidèles, et disperser les pieuses assemblées que retenait le charme de ces délicieux cantiques (2).

Malgré la brièveté nécessaire de ce chapitre, il faut citer à la louange de la Psalmodie un passage de saint Jean Chrysostôme (3), que ne liront pas sans profit et sans plaisir ceux qui aiment les divins offices.

(1) Ambr. *Præf. in Psal.* S. Ephrem. *Encom. in Psal.*

(2) Le card. Bona, *De div. Psalmodia*, c. I.; le card. Thomasi, *Præfat. in Psalterium*; Gerbert, *De cantu et Mus. sac.* ont rassemblé sur ce point une foule de faits et de textes édifiants et instructifs. Nous y renvoyons le lecteur.

(3) Homil. VI, *De Pœnit.*

« Passe-t-on la nuit dans l'église : au commencement, au » milieu, à la fin, on chante David. Court-on au lever de » l'aurore moduler des Hymnes sacrés : David occupe encore » le commencement, le milieu et la fin de la prière. Célèbre- » t-on des funérailles chrétiennes : on commence, on poursuit, » on achève avec David. Des vierges sont-elles rassemblées » dans leur maison pour tisser le lin : elles débutent par les » chants de David ; il accompagne et couronne leur ouvrage. » Chose incroyable ! grand nombre de chrétiens sans études et » sans lettres gardent en leur mémoire leur David tout entier. » Non-seulement dans les grandes églises (là son triomphe a » commencé dès longtemps), mais sur les places publiques, » dans les solitudes, et jusque dans les déserts les plus sau- » vages, David avec ses chants rassemble des chœurs empres- » sés. La nuit, rien de plus naturel à l'homme que de succom- » ber au sommeil : David seul triomphe de ce besoin, et formant » des chœurs angéliques des fidèles assemblés, il sait ravir leurs » âmes, les dégager de leur enveloppe mortelle, et transporter » le ciel sur terre. »

Quelque diminuée que soit à présent cette ferveur primitive, il est cependant vrai de dire que les Psaumes sont, avec les Hymnes, ce que les fidèles chantent le plus volontiers à l'église. Il importe donc de leur tracer nettement les formules psalmodiques, et tout en sauvant les vrais principes, de ne point porter dans cette partie des chants sacrés une perturbation inutile. C'est pour cela que nous avons cru devoir joindre aux *intonations* et aux *médiations* du *Directorium chori* d'autres formules non moins répandues dans le monde catholique, non moins anciennes et peut-être plus mélodieuses et plus faciles dans la pratique que les *intonations* et *médiations* données par Guidetti (1).

(1) La différence capitale entre les deux Psalmodies dont il est ici question tombe sur les médiations des premier, troisième et sixième tons, comme on le verra dans le cours de ce chapitre. Or la Providence a mis entre nos mains un monument bien précieux en faveur des formules générale-

La Psalmodie appartient à cette partie des chants sacrés que l'on appelle plus particulièrement *Rhythmiques* (d'autres ont dit *Prosodiques*), lesquels, sauf la juste part faite à la mélodie dans les médiations et les terminaisons, suivent absolument les lois de la bonne lecture latine : je veux dire les règles de l'accentuation.

La théorie et la pratique de l'accent sont donc très-importantes à connaître pour ceux qui doivent régler le chant des Psaumes. La première suppose des connaissances grammaticales assez étendues; la seconde est accessible aux plus simples, surtout s'ils font usage de livres correctement accentués. C'est à elle que nous sommes obligés de nous borner ici (1).

L'*accent tonique* que l'on a justement nommé l'*âme de la parole,* est ce mouvement de la voix qui, se portant avec plus d'énergie sur une syllabe privilégiée, l'attaque, la frappe en quelque sorte, de manière à la faire ressortir. « C'est, dit

ment répandues en France et dans une bonne partie de l'Europe. L'un des manuscrits de Saint-Gall (le n° 388) en neumes écrit à la fin du onzième siècle, contient la série des tons avec leurs Antiennes correspondantes. Les intonations y sont notées sur des phrases très-significatives par elles-mêmes et rendues plus claires encore par la neumation qui les surmonte.

Au premier ton on lit :

Primi toni melodiam psallas in directum.....
La mélodie du premier ton, chantez-la tout droit.

Au troisième :

Tertium suspende in medio — et in fine præcipita.
Le troisième est suspendu à la médiation. — il tombe à la finale.

Au sixième :

Sextus ut primus imponitur — sed aliter deponitur.
Le sixième s'impose comme le premier — mais il se termine autrement.

C'est là exactement ce que nous faisons depuis des siècles.

(1) Un ecclésiastique qui voudra s'instruire à fond des vrais principes de l'accentuation et du Rhythme si généralement négligés aujourd'hui, pourra lire l'opuscule de Vossius, *De Poematum cantu et viribus Rhythmi*; la *Prosodie* du P. Emm. Alvarez; les ouvrages d'Ant. Scoppa (*Vrais principes de la Versification*. Paris, Courcier, 1811.—Les *Beautés poétiques de toutes les langues*. Paris, Firmin Didot, 1816.) Les travaux de M. H. Vincent *sur divers manuscrits grecs relatifs à la Musique*, et surtout l'excellente *Dissertation* de M. l'abbé Petit, supérieur du grand séminaire de Verdun, sur la *Psalmodie et les autres parties du Chant Grégorien dans leurs rapports*

» Scoppa, ce coup, cette vibration qui forme pour ainsi dire » l'*esprit* de la voix qui domine sur une des syllabes de chaque » mot : par cet appui, la syllabe affectée est devenue plus sen- » sible et plus énergique que les autres, forme comme un » centre d'unité entre les syllabes d'un même mot. »

L'accent ne requiert de sa nature ni prolongement ni éléva- tion de voix sur la syllabe qu'il affecte ; c'est une note plus fortement attaquée, un *temps fort* dans la mélodie du lan- gage (1) *Dóminus, ténebræ.* En observant attentivement l'effet produit par l'accent dans le discours, on remarquera qu'il absorbe tellement à son profit l'effort de la voix, que les syl- labes faibles sont comme effacées par celles qui portent l'ac- cent, au point que les peuples dont l'accentuation est forte semblent ne prononcer que celles-ci et laisser deviner les autres.

Il ne faut pas plus confondre l'accentuation avec la Prosodie que le *Rhythme* avec le *mètre*. La Prosodie règle la portion de temps attribuée aux syllabes, et distingue les longues des brèves; l'accent désigne l'effort relatif de la voix qui les pro- nonce. Leur accord fréquent n'empêche pas leur distinction essentielle, d'autant plus que l'accent porte souvent sur une syllabe prosodiquement brève (*Dóminus* (2). C'est l'accent et

avec l'accentuation latine. Il serait difficile de traiter une matière si com- pliquée et si aride avec plus d'érudition, de bon sens pratique et de clarté. Sauf quelques observations que nous ne pouvons présenter ici au savant auteur, principalement au sujet des Hymnes, il n'est presque rien dans ce bel et bon ouvrage que nous n'acceptions de grand cœur comme l'expres- sion authentique de la meilleure théorie. Puissent ces quelques mots servir à compléter et à rectifier au besoin ce que nous avons dit en passant dans une note de l'*Esthétique* à une époque où nous n'avions pas eu encore le loisir d'étudier à fond, comme nous l'avons fait depuis, l'excellent livre de M. l'abbé Petit.

(1) Voyez les ouvrages cités à la note précédente, et notamment celui de MM. Vincent, p. 216 et suiv.

(2) Nous ne pourrions supporter d'entendre chanter, par exemple :

non la Prosodie qui fait loi dans le chant des Psaumes, et dans les autres de la même catégorie, tels que les répons brefs, le *Credo* des dimanches, le *Te Deum*, les leçons de Jérémie pendant la semaine sainte, etc. (1), à plus forte raison dans le chant *directané* des Évangiles, Épîtres, Capitules et Leçons ordinaires de Matines.

Règles. — 1° Dans la langue latine, tout mot de deux syllabes est censé porter l'accent sur la première, qu'elle soit brève ou longue. Exemple : *Máre, Stábat, Déus* (2).

2° Dans les mots de plusieurs syllabes l'accent peut se rencontrer sur la pénultième ou sur l'antépénultième.

L'accent placé sur la pénultième (*Imménsus, Creátor*), montre que cette syllabe est longue.

L'accent placé sur l'antépénultième (*Dóminus, Bénedic, Omnípotens*) donne à connaître que la pénultième est brève, sans pour cela désigner comme prosodiquement longue la syllabe accentuée.

3° Les monosyllabes exigeraient des observations grammaticales, dans lesquelles nous ne pouvons entrer ici (3).

Nous ferons seulement remarquer :

Que les monosyllabes déclinables ont leur accent comme les autres mots ;

non pas tant parce que la deuxième syllabe de *peccata* est longue, qu'à cause qu'elle porte l'accent tonique ; car on dit très-bien sans choquer personne :

Dans *spiritui* la deuxième syllabe est brève mais accentuée : tandis que *spíritus* ferait mal à entendre.

(1) Tous ces chants ont été accentués dans les livres de chœur.

(2) L'usage est de ne pas accentuer ces mots à cause de la simplicité et de l'universalité de la règle qui les régit.

(3) La théorie des Enclitiques et des Proclitiques nous entraînerait à une discussion dans laquelle nous entrerions avec plaisir, mais qui serait déplacée dans ce chapitre et tout à fait hors de proportion avec le cadre de cet opuscule. M. l'abbé Petit a, suivant nous, parfaitement éclairci cette matière dans le livre cité plus haut, pag. 76 et suiv.

Qu'il n'est pas exact d'affirmer absolument *que toute dernière syllabe d'un mot, suivie d'un monosyllabe, doive se prononcer brève :* Líbera mé. Ceci a lieu dans les chants *rhythmiques,* lorsque la pénultième du mot qui précède le monosyllabe est accentuée : *Inclináti sunt,* parce que l'élan de la voix passant brusquement d'un accent à un autre pour s'y arrêter, l'oblige à toucher légèrement l'unique syllabe intermédiaire (1). Mais quand le monosyllabe est précédé d'un mot accentué sur l'antépénultième : *Líbera, júdica,* la prononciation et le chant n'exigent pas ce changement; et comme le remarque très-justement M. l'abbé Petit, on prononce *Líbera nos,* ou *Júdica me,* comme on prononcerait *Líbera gentem* ou *Júdica causam.*

Les monosyllabes donnent lieu dans les médiations à des inflexions particulières qui seront notées en leur lieu.

Nous avons cru devoir mentionner ces quelques principes avant d'exposer les formules des tons; mais nous ne conseillerions à personne de lutter à tout prix contre l'usage, s'il en devait résulter quelque désordre dans la bonne harmonie du chœur, chose plus précieuse que les prescriptions de Donat et de Priscien.

FORMULES DES TONS.

Les détails techniques qui vont suivre, et dans lesquels nous sommes obligés d'entrer, pourront sembler bien arides à quelques personnes : ils le sont en effet; mais, grâce à Dieu, les fidèles instruits par la pratique devinent instinctivement la solution d'une foule de questions que les théoriciens ont peine à résoudre.

Dans les formules des Psaumes et des Cantiques, il faut distinguer quatre choses : la *teneur,* l'*intonation,* la *médiation* et la *terminaison.*

I. — La *teneur* ou dominante est la note sur laquelle se pro-

(1) En effet, dans *Inclinati sunt*, le second accent est en quelque sorte appuyé par la syllabe qui le suit, et la voix plus égale dans son mouvement laisse à la finale du premier mot une durée plus sensible.

noncent toutes les syllabes du verset qui n'éprouvent aucune déviation mélodique. Cette note est *la* dans le 1er ton, le 4e et le 6e, *fa* dans le 2e, *ut* dans les 3e, 5e et 8e ; *ré* dans le 7e.

II. — *L'intonation* est le début du verset : elle est *simple* ou *solennelle.*

L'intonation simple débute immédiatement par la teneur sans aucune déviation. On l'emploie aux petites Heures (excepté à Tierce du jour de la Pentecôte) pour les Psaumes de Complies et dans l'office des Morts.

L'intonation solennelle est une courte modulation qui précède la teneur. On ne l'emploie dans les Psaumes qu'au premier verset; les suivants gardent l'intonation simple. Il en est autrement dans les Cantiques évangéliques *Magnificat* et *Benedictus*, qui ont l'intonation solennelle à tous leurs versets, excepté dans les Féries, où même leur premier verset s'entonne tout droit.

III. — La *médiation* est cette cadence suivie d'un repos qui occupe le milieu du verset.

Les médiations se composent de deux, de trois, de quatre syllabes essentielles; les unes appelées *simples* sont formées seulement par un prolongement de la teneur, qui prépare la voix au repos; les autres dites *composées* dévient par élévation ou par abaissement : par élévation, dans les 1er (*Direct. Chori.*), 2e, 3e, 5e, 7e et 8e tons; par abaissement, dans le 4e ton et dans le 6e. (*Direct. Chori.*)

Règles (1). — 1° Dans les médiations de deux syllabes, l'élévation doit toujours se faire sur une syllabe accentuée: soit la pénultième du verset : *Domino méo* *; soit l'antépénultième : *Laudate pueri Dóminum* * (et dans ce cas la syllabe *mi* est dite *survenante* ou *superflue*), soit sur le monosyllabe final : *Super nós* *, soit sur la dernière syllabe du mot hébreu : *Elegit Dominus Sión* *.

(1) Nous suivons ici presque textuellement l'ouvrage de M. l'abbé Petit, pag. 186.

2° Si la médiation trisyllabique ou quadrisyllabique dévie par une élévation, la syllabe qui correspond à l'élévation doit être généralement accentuée (1); mais elle peut être une syllabe faible, même une brève ou la dernière d'un mot si la médiation dévie par un abaissement.

IV. — La *terminaison* est la cadence finale du verset.

« Toutes les terminaisons du chant Romain, dit M. l'abbé » Petit (3), se composent de trois, de quatre ou de cinq syl-

(1) *Généralement accentuée* : parce que dans un mot de quatre syllabes, comme *misericordia*, lequel ne renferme qu'un seul accent, on est obligé de faire l'élévation sur la première syllabe, dans les médiations du 7e ton et du 1er ton romain.

(2) On a souligné ici les syllabes survenantes.

(3) Pag. 190.

» labes... Mais quelle que soit leur composition, elles sont sou-
» mises aux mêmes règles que les médiations quadrisyllabiques,
» si ce n'est qu'elles ne subissent jamais aucune modification
» mélodique sous l'influence de l'accent final, » comme il arrive dans les médiations terminées par un monosyllabe ou un mot hébreu.

Il y a donc lieu d'appliquer aux terminaisons ce que nous avons dit des médiations qui dévient par élévation ou par abaissement.

Remarquons enfin, avec l'unanimité des théoriciens, que dans les versets de Psaumes comme dans tous les autres chants, l'avant-dernière note essentielle doit être accentuée et prolongée environ du double de sa valeur.

Il ne nous reste plus maintenant qu'à reproduire le tableau des tons qui se trouve au commencement de l'Antiphonaire après avoir fait observer encore une fois, que malgré la distinction nécessaire qu'il a fallu établir entre les signes de notation, on doit bien se garder dans un chant Psalmodique, fût-il en faux-bourdons, de mesurer les valeurs et de les proportionner strictement comme on pourrait le faire dans un Introït et dans une Hymne. Nous avons dit que la Psalmodie participe de la lecture. Cette régularité de mouvement n'est admissible que dans les médiations et les finales surtout quand on chante en parties. Il n'est pas besoin d'avertir que les mauvaises coupes de texte doivent aussi être évitées avec grand soin : les Ecclésiastiques qui président au chant du chœur sauront bien y veiller.

TERMINAISONS.

PREMIER TON.

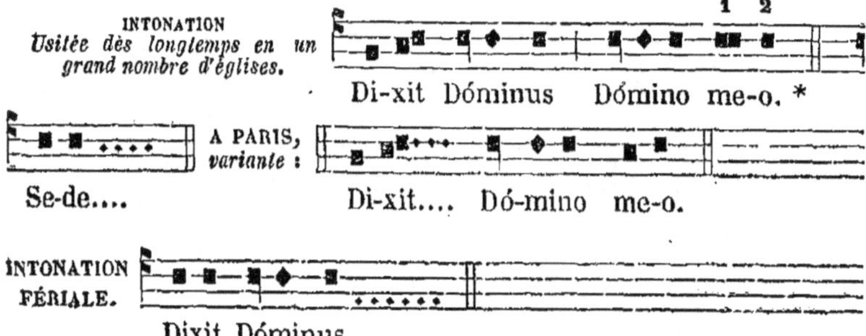

TERMINAISONS.

DEUXIÈME TON.
INTONATION SOLENNELLE.
1 2
Di-xit Dó-minus Dó-mi-no me-o. * ... spe-rá-vi in te. Si- on. Dí- li-gam te, Dó-mi-ne. Con-fi- té-bor.
Pour les Cant. évangéliques.
Ma- gní- fi- cat. Et e- xul-tá- vit spí- ri- tus me- us. ... De- us I- sra-el. De- po- su-it.
TERMINAISON UNIQUE.
1 2 3 4
Se-de a dextris me-is.
TROISIÈME TON.
INTONATION SOLENNELLE.
1 2 3 4
Di-xit Dó-minus Dó-mi-no me- o. * ... Dó-mi-ne Da- vid Ma- gní- fi- cat. ... De-us I- sra- el.
En un grand nombre d'églises.
1 2 3 4
Di-xit Dó-minus Dó-mi-no me-o. Ar-gu-as me.
TERMINAISONS.
I.
1 2 3 4
Se-de a dextris me-is.
II.
1 2 3 4
Se-de a dex-tris me-is.
III.
a dex-tris me-is.
IV.
a dextris me-is.
QUATRIÈME TON.
INTONATION SOLENNELLE.
Di- xit Dó-minus Dó-mi-ne me-o. * Ma-gní-fi-cat.

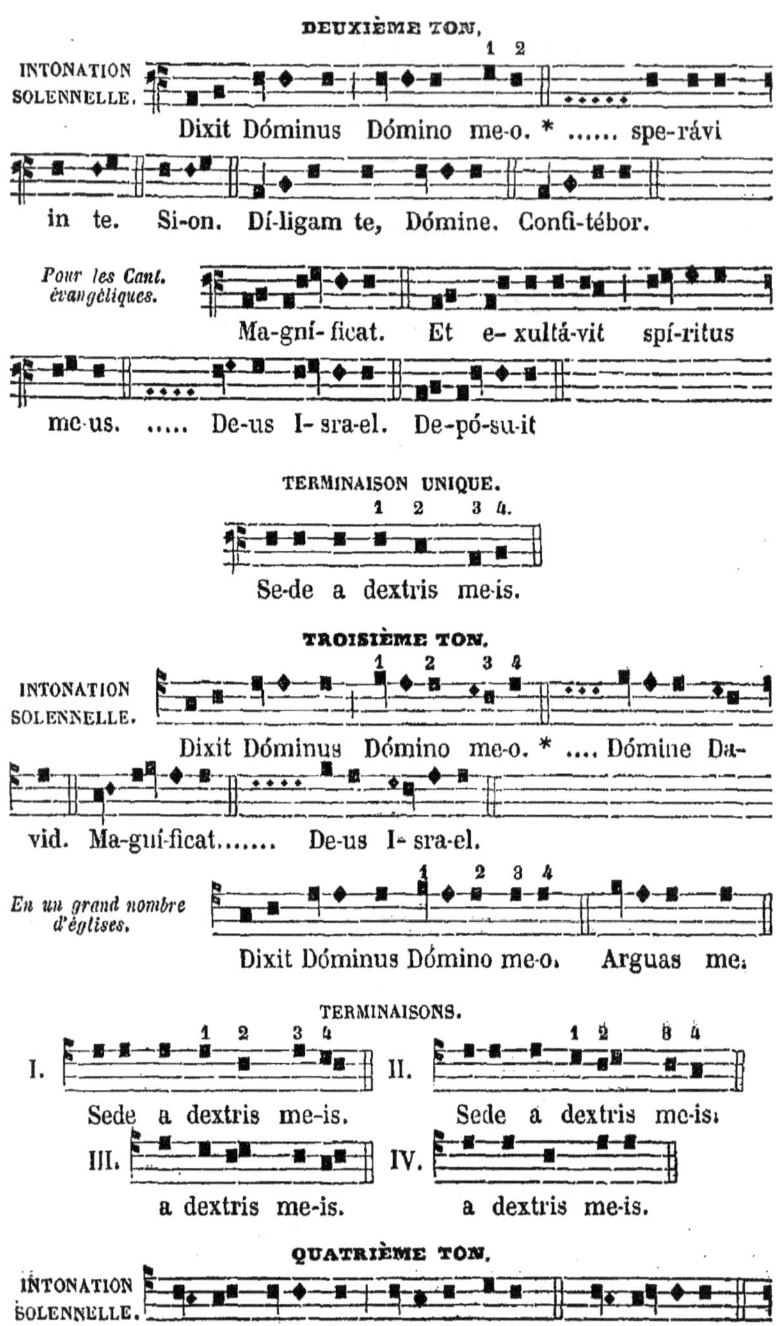
DEUXIÈME TON.
INTONATION SOLENNELLE.
1 2
Dixit Dóminus Dómino me-o. * ...... spe-rávi
in te. Si-on. Dí-ligam te, Dómine. Confi-tébor.
Pour les Cant. évangéliques.
Ma-gní- ficat. Et e- xultá-vit spí-ritus
me-us. ..... De-us I- sra-el. De-pó-su-it
TERMINAISON UNIQUE.
1 2 3 4.
Se-de a dextris me-is.
TROISIÈME TON.
INTONATION SOLENNELLE.
1 2 3 4
Dixit Dóminus Dómino me-o. * .... Dómine Da-
vid. Ma-gní-ficat....... De-us I- sra-el.
En un grand nombre d'églises.
1 2 3 4
Dixit Dóminus Dómino me-o. Arguas me.
TERMINAISONS.
I. 1 2 3 4
Sede a dextris me-is.
II. 1 2 3 4
Sede a dextris me-is.
III.
a dextris me-is.
IV.
a dextris me-is.
QUATRIÈME TON.
INTONATION SOLENNELLE.
Di- xit Dóminus Dómino me-o. * Ma-gnífi-cat.

(1) On trouvera parmi les faux-bourdons une autre forme du sixième ton.

Deus I-sra-el. Dí-li-gam te, Dómine.

TERMINAISONS.

1 2 3 4 5

I. Sede a dextris me-is. II. Sede a dextris me-is.

III. a dextris me-is.

CINQUIÈME TON.

INTONATION SOLENNELLE.

1 2

Dixit Dóminus Dómino me-o. * .... Deus I-sra-el.

Ma-gní-fi-cat. Crédi-di, propter quod lo-cú-tus sum.

TERMINAISONS.

1 2 3 4

I. Sede a dextris me-is.

En plusieurs églises, II TERMIN.

1 2 3 4

a dex- tris me-is.

SIXIÈME TON.

INTONATION SOLENNELLE.

Di-xit Dóminus Dómino me-o. * .... in na-ti-ó-ni-bus. Ma-gní-fi-cat. Bene-díctus.... Deus I-srael.

En un grand nombre d'églises.

Di-xit Dóminus Dómino me-o.

TERMINAISON UNIQUE.

Sede a dextris me-is.

SEPTIÈME TON.

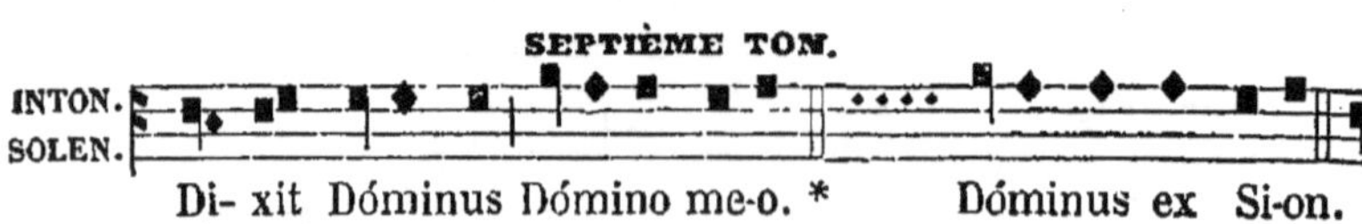

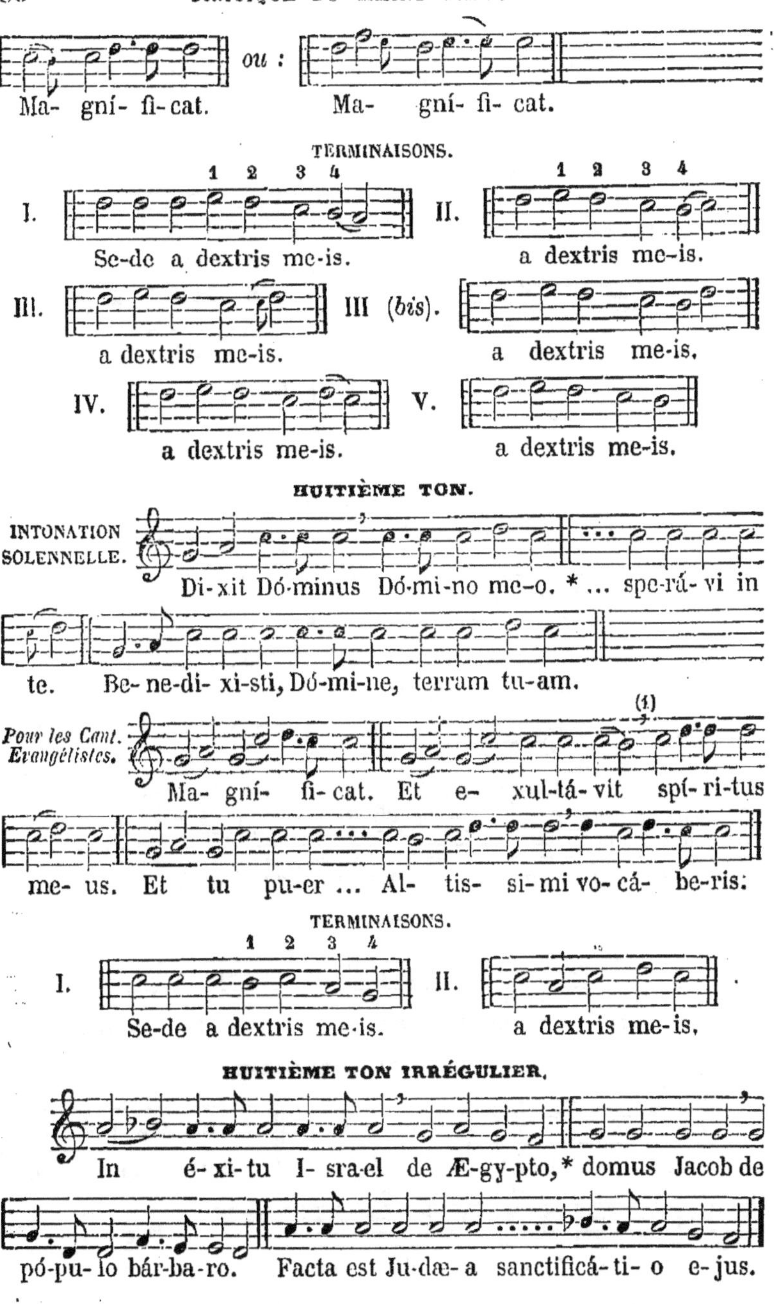

(1) Cette déviation sur la dernière syllabe du mot *exultavit* se trouve clairement exprimée au deuxième et au huitième ton, dans tous les ma-

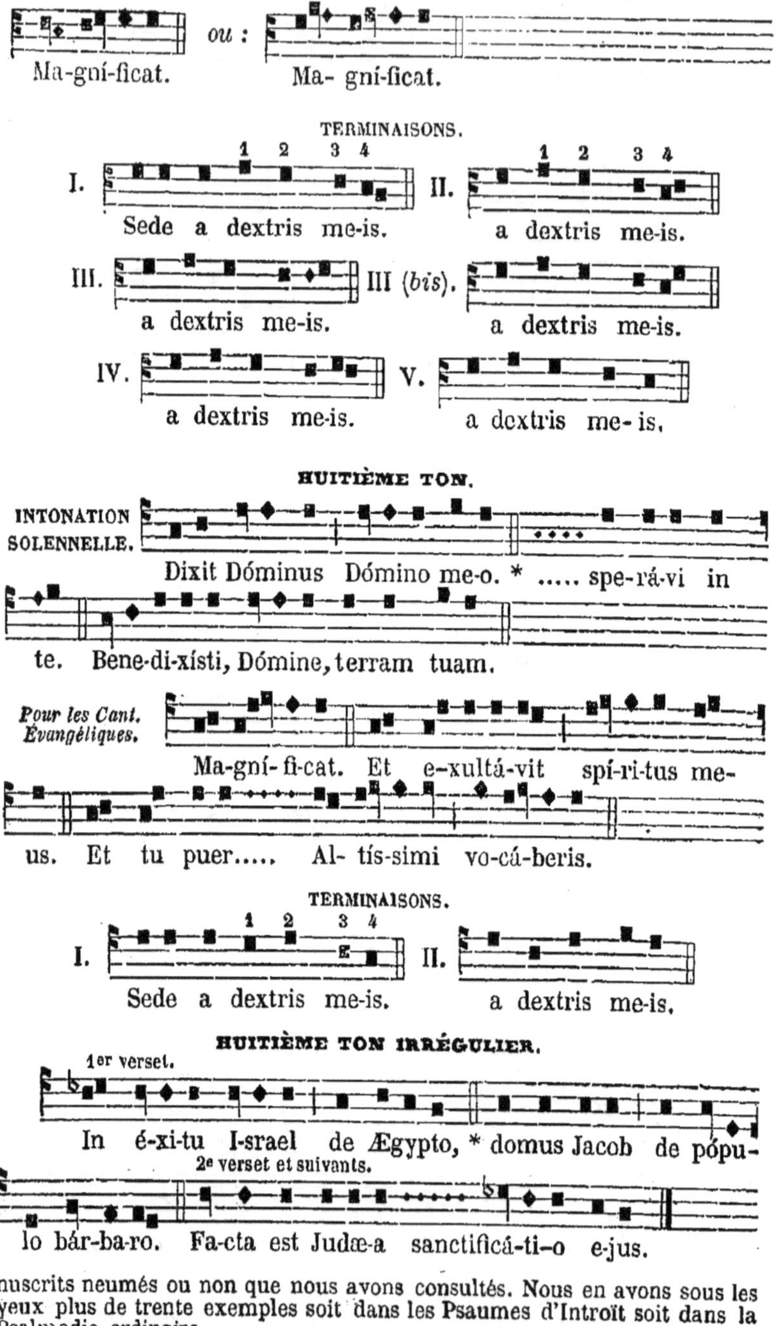

nuscrits neumés ou non que nous avons consultés. Nous en avons sous les yeux plus de trente exemples soit dans les Psaumes d'Introït soit dans la Psalmodie ordinaire.

NOTA.

Les faux-bourdons qui suivent, dus à la plume exercée de M. C. Frank aîné, l'un de nos plus habiles organistes, seront, nous l'espérons, utiles et agréables à ceux qui feront usage de cette méthode. En faveur des personnes encore peu exercées, nous les ferons précéder de quelques avis ou renseignements.

1° Ces faux-bourdons (sauf le *De profundis* dont nous parlerons en son lieu), sont écrits pour 1er et 2e dessus, ténor et basse. Les deux parties supérieures doivent donc, pour la correction harmonique, être dites par des voix d'enfants. Si, comme il arrive quelquefois, on n'avait de ces voix que pour la première partie, le seul moyen à prendre serait de baisser d'un ton, et de faire faire la seconde partie à l'octave supérieure par un ténor ou haute-contre : elle ne dépasserait pas le *sol* d'en haut. Mais, en ce cas, ceux qui la rempliraient devraient bien se garder de crier de manière à couvrir les sopranos.

2° L'application des paroles à la musique présente des difficultés réelles, surtout lorsqu'on chante en parties. On n'en triomphera jamais complétement, si l'on ne prend la peine d'écrire, au moins sous une seule portée, tous les versets qu'on doit exécuter. Ce travail, une fois bien fait, sera d'une immense ressource; mais il demande une grande attention et une connaissance sérieuse des lois de la psalmodie. Il faut bien discerner le nombre de syllabes essentielles des médiations et terminaisons; les séparer ainsi que leurs *survenantes* par une ligne verticale qui vienne aboutir à la musique; noter d'un signe prosodique ces survenantes, comme on le fait en beaucoup d'églises; adopter une règle par rapport au degré qu'elles doivent occuper (nous conseillerions de les chanter toujours sur le degré de la note suivante); enfin prendre pour type, quant au nombre de syllabes à séparer, la partie de ténor qui fait le chant.

3° Il faut éviter l'inconvénient si commun dans nos églises, de multiplier les basses et les dessus, et de laisser faible les parties intermédiaires, et surtout le chant.

4° Les organistes n'ont pas besoin d'être avertis qu'en réduisant les parties, ils doivent les espacer sur le clavier comme elles le sont en réalité, et ne pas mettre le ténor au-dessus de l'alto. Au reste ils trouveront leur accompagnement tout écrit dans une première livraison d'orgue qui va paraître incessamment chez l'éditeur de cette méthode.

FAUX-BOURDONS A QUATRE PARTIES

PAR C. FRANCK (AÎNÉ).

1er DESSUS. Dó-mi-ne, ad ad-juvándum me fe- stí- na. Gló-ri- a Pa-tri, et Fí-li- o, et Spi-rí-tu- i sancto. Si-cut e-rat in princí- pi- o,

2e DESSUS. Dó-mi-ne, ad ad-juvándum me fe- stí- na. Gló-ri- a Pa-tri, et Fí-li- o, et Spi-rí- tu- i sancto. Si-cut e-rat in princí- pi- o,

TÉNOR. Dó-mi-ne, ad ad-juvándum me fe- stí- na. Gló-ri- a Pa-tri, et Fí-li- o, et Spi-rí-tu- i sancto. Si-cut e- rat in princí-pi- o,

BASSE. Dó-mi-ne, ad ad-juvándum me fe- stí- na. Gló-ri- a Pa-tri, et Fí-li- o, et Spi-rí-tu- i sancto. Si-cut e- rat in princí-pi- o,

et nunc, et semper, et in sæ-cu-la sæ-cu-ló-rum. A-men. Al-le-lú-ia.

et nunc, et semper, et in sæ-cu-la sæ-cu-lórum. A-men. Al-le-lú-ia.

et nunc, et semper, et in sæ-cu-la sæ-cu-lórum. A-men. Al-le-lú- ia.

et nunc, et semper, et in sæ-cu-la sæ-cu-ló-rum. A-men. Al-le-lú- ia.

Depuis la Septuagésime jusqu'au Jeudi-Saint exclusivement.

Laus ti- bi, Dó-mi-ne, Rex æ-tér-næ gló- ri- æ.

Laus ti- bi, Dó-mi-ne, Rex æ-tér-næ gló- ri- æ,

Laus ti- bi, Dó-mi-ne, Rex æ-tér-næ gló- ri- æ,

Laus ti- bi, Dó-mi-ne, Rex æ-tér-næ gló- ri- æ.

PREMIER TON.

1re Médiation. — 2e Médiation. — 1re Terminaison. — 2e Terminaison.

1er DESSUS. Et e-xul-tá- vit spí-ri-tus me-us, * spí-ri-tus me- us, * in De- o sa-lu-tá-ri me-o, sa- lu-tá-ri me- o.

2e DESSUS. Et e-xul-tá-vit spí-ri-tus me-us, * spí-ri-tus me- us, * in De- o sa-lu-tá-ri me-o, sa-lu-tá-ri me- o.

TÉNOR. Et e-xul-tá-vit spí-ri-tus me-us, * spí-ri-tus me- us, * in De-o sa-lu-tá- ri me-o, sa-lu- tá-ri me- o.

BASSE. Et e-xul-tá-vit spí-ri-tus me-us, * spí-ri-tus me- us, * in De-o sa-lu-tá-ri me-o, sa-lu- tá- ri me- o.

DEUXIÈME TON.

Médiation. Terminaison.

1er DESSUS. Et e-xul-tá-vit spí-ri-tus me-us * in De-o sa-lu-tá-ri me-o.

2e DESSUS. Et e-xul-tá-vit spí-ri-tus me-us * in De-o sa-lu-tá-ri me-o.

TÉNOR. Et e-xul-tá-vit spí-ri-tus me-us * in De-o sa-lu-tá-ri me-o.

BASSE. Et e-xul-tá-vit spí-ri-tus me-us * in De-o sa-lu-tá-ri me-o.

TROISIÈME TON.

1re Médiation. 2e Médiation. Terminaison.

1er DESSUS. Et e-xul-tá-vit spí-ri-tus me-us, * spí-ri-tus me-us * in De-o sa-lu-tá-ri me-o.

2e DESSUS. Et e-xul-tá-vit spí-ri-tus me-us, * spí-ri-tus me-us * in De-o sa-lu-tá-ri me-o.

TÉNOR. Et e-xul-tá-vit spí-ri-tus me-us, * spí-ri-tus me-us * in De-o sa-lu-tá-ri me-o.

BASSE. Et e-xul-tá-vit spí-ri-tus me-us, * spí-ri-tus me-us * in De-o sa-lu-tá-ri me-o.

QUATRIÈME TON.

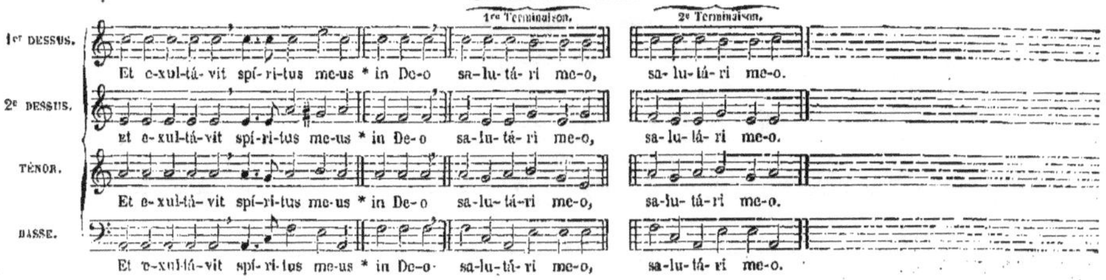

1re Terminaison. 2e Terminaison.

1er DESSUS. Et e-xul-tá-vit spí-ri-tus me-us * in De-o sa-lu-tá-ri me-o, sa-lu-tá-ri me-o.

2e DESSUS. Et e-xul-tá-vit spí-ri-tus me-us * in De-o sa-lu-tá-ri me-o, sa-lu-tá-ri me-o.

TÉNOR. Et e-xul-tá-vit spí-ri-tus me-us * in De-o sa-lu-tá-ri me-o, sa-lu-tá-ri me-o.

BASSE. Et e-xul-tá-vit spí-ri-tus me-us * in De-o sa-lu-tá-ri me-o, sa-lu-tá-ri me-o.

CINQUIÈME TON.
1re Terminaison.
2e Terminaison.
1er DESSUS.
Et e-xul-tá-vit spí-ri-tus me-us * in De-o sa-lu-tá-ri me-o, sa-lu-tá-ri me-o.
2e DESSUS.
Et e-xul-tá-vit spí-ri-tus me-us * in De-o sa-lu-tá-ri me-o, sa-lu-tá-ri me-o.
TÉNOR.
Et e-xul-tá-vit spí-ri-tus me-us * in De-o sa-lu-tá-ri me-o, sa-lu-tá-ri me-o.
BASSE.
Et e-xul-tá-vit spí-ri-tus me-us * in De-o sa-lu-tá-ri me-o, sa-lu-tá-ri me-o.
SIXIÈME TON.
1re Médiation.
2e Médiation.
Terminaison.
1er DESSUS.
Et e-xul-tá-vit spí-ri-tus me-us, * spí-ri-tus me-us, * in De-o sa-lu-tá-ri me-o.
2e DESSUS.
Et e-xul-tá-vit spí-ri-tus me-us, * spí-ri-tus me-us, * in De-o sa-lu-tá-ri me-o.
TÉNOR.
Et e-xul-tá-vit spí-ri-tus me-us, * spí-ri-tus me-us, * in De-o sa-lu-tá-ri me-o.
BASSE.
Et e-xul-tá-vit spí-ri-tus me-us, * spí-ri-tus me-us, * in De-o sa-lu-tá-ri me-o.
Autre formule du sixième ton.
1er DESSUS.
Et e-xul-tá-vit spí-ri-tus me-us * in De-o sa-lu-tá-ri me-o.
2e DESSUS.
Et e-xul-tá-vit spí-ri-tus me-us * in De-o sa-lu-tá-ri me-o.
TÉNOR.
Et e-xul-tá-vit spí-ri-tus me-us * in De-o sa-lu-tá-ri me-o.
BASSE.
Et e-xul-tá-vit spí-ri-tus me-us * in De-o sa-lu-tá-ri me-o.

SEPTIÈME TON.

HUITIÈME TON.

Terminaison.

1er DESSUS. Et e-xul-tá-vit spí-ri-tus me-us * in De-o sa-lu-tá-ri me-o.

2e DESSUS. Et e-xul-tá-vit spí-ri-tus me-us * in De-o sa-lu-tá-ri me-o.

TÉNOR. Et e-xul-tá-vit spí-ri-tus me-us * in De-o sa-lu-tá-ri me-o.

BASSE. Et e-xul-tá-vit spí-ri-tus me-us * in De-o sa-lu-tá-ri me-o.

HUITIÈME TON IRRÉGULIER.

1er DESSUS. In éx-i-tu I-sra-el de Æ-gy-pto, * domus Ja-cob de pó-pu-lo bár-ba-ro.

2e DESSUS. In éx-i-tu I-sra-el de Æ-gy-pto, * domus Ja-cob de pó-pu-lo bár-ba-ro.

TÉNOR. In éx-i-tu I-sra-el de Æ-gy-pto, * domus Ja-cob de pó-pu-lo bár-ba-ro.

BASSE. In éx-i-tu I-sra-el de Æ-gy-pto, * domus Ja-cob de pó-pu-lo bár-ba-ro.

Chant du Psaume **MISERERE**, usité en plusieurs Églises.

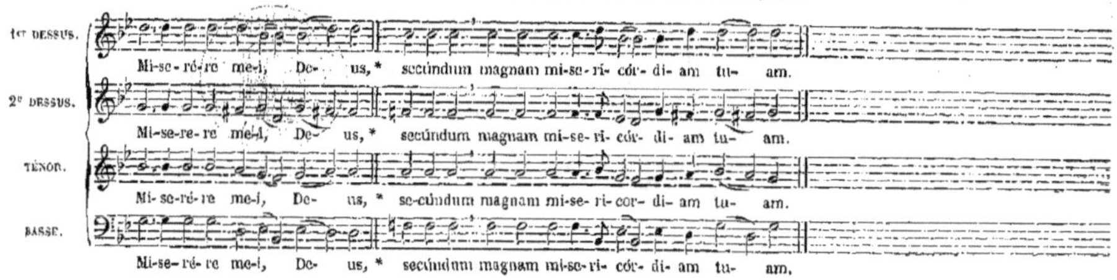

1er DESSUS.
Mi-se-ré-re me-i, De- us,* secúndum magnam mi-se-ri- cór- di- am tu- am.

2e DESSUS.
Mi-se-re-re me-i, De- us,* secúndum magnam mi-se-ri- cór- di- am tu- am.

TÉNOR.
Mi-se-ré-re me-i, De- us,* se-cúndum magnam mi-se-ri-cor- di- am tu- am.

BASSE.
Mi-se-ré-re me-i, De- us,* secúndum magnam mi-se-ri- cór- di- am tu- am.

Chant du Psaume **DE PROFUNDIS** usité à Paris.

1er Verset.

1er TÉNOR.
De pro-fúndis clamá-vi ad te, Dó-mi-ne: *Dó-mi-ne, e-xáu-di vocem me-am.

2e TÉNOR.
De pró-fúndis clamá-vi ad te, Dó-mi-ne: *Dó-mi-ne, e-xáu-di vocem me-am.

1re BASSE.
De pro-fúndis clamá-vi ad te, Dó-mi-ne: *Dó-mi-ne, e-xáu-di vo-cem me-am.

2e BASSE.
De pro-fúndis clamá-vi ad te, Dó-mi-ne: *Dó-mi-ne, e-xáu-di vo-cem me-am.

2e Verset.

1er DESSUS.
Fi-ant au-res tu-æ in-tendéntes, * in vocem de-pre-ca-ti- ó- nis me-æ.

2e DESSUS.
Fi-ant au-res tu-æ in-tendéntes, * in vo-cem de-pre-ca-ti- ó- nis me-æ.

TÉNOR.
Fi-ant au-res tu-æ in-tendéntes, * in vo-cem de-pre-ca-ti- ó- nis me-æ.

BASSE.
Fi-ant au-res tu-æ in-tendéntes, * in vo-cem de-pre-ca-ti- ó- nis me-æ.

Il y a dans ce dernier chant deux sortes d'harmonie pour varier et embellir l'effet. Le premier verset est écrit pour voix d'hommes; le second, pour voix d'hommes et voix d'enfants. On pourrait en cas de pénurie se borner aux voix d'hommes : mais on y perdrait singulièrement. Il faut exécuter cette mélodie avec un accent religieux; prendre garde de donner au premier motif une lenteur exagérée et de précipiter le second, comme nous l'avons entendu faire, au grand détriment de l'effet produit.

Paris. — Typ. Ad. Le Clere.

Paris. — Typographie ADRIEN LE CLERE, rue Cassette, 29.

www.ingramcontent.com/pod-product-compliance
Lightning Source LLC
LaVergne TN
LVHW020412230826
846091LV00004B/1247
9782013590457